Storytelling mit der 3-Akt-Struktur

Oliver Grytzmann

Storytelling mit der 3-Akt-Struktur

Wie Sie mit der 3-Akt-Struktur authentische Geschichten erzählen und Kunden sowie Mitarbeiter binden – der Leitfaden

Oliver Grytzmann
Frankfurt, Deutschland

ISBN 978-3-658-18023-2　　　ISBN 978-3-658-18024-9　(eBook)
DOI 10.1007/978-3-658-18024-9

Die Deutsche Nationalbibliothek verzeichnet diese Publikation in der Deutschen Nationalbibliografie; detaillierte bibliografische Daten sind im Internet über http://dnb.d-nb.de abrufbar.

Springer Gabler
© Springer Fachmedien Wiesbaden GmbH 2018
Das Werk einschließlich aller seiner Teile ist urheberrechtlich geschützt. Jede Verwertung, die nicht ausdrücklich vom Urheberrechtsgesetz zugelassen ist, bedarf der vorherigen Zustimmung des Verlags. Das gilt insbesondere für Vervielfältigungen, Bearbeitungen, Übersetzungen, Mikroverfilmungen und die Einspeicherung und Verarbeitung in elektronischen Systemen.
Die Wiedergabe von Gebrauchsnamen, Handelsnamen, Warenbezeichnungen usw. in diesem Werk berechtigt auch ohne besondere Kennzeichnung nicht zu der Annahme, dass solche Namen im Sinne der Warenzeichen- und Markenschutz-Gesetzgebung als frei zu betrachten wären und daher von jedermann benutzt werden dürften.
Der Verlag, die Autoren und die Herausgeber gehen davon aus, dass die Angaben und Informationen in diesem Werk zum Zeitpunkt der Veröffentlichung vollständig und korrekt sind. Weder der Verlag noch die Autoren oder die Herausgeber übernehmen, ausdrücklich oder implizit, Gewähr für den Inhalt des Werkes, etwaige Fehler oder Äußerungen. Der Verlag bleibt im Hinblick auf geografische Zuordnungen und Gebietsbezeichnungen in veröffentlichten Karten und Institutionsadressen neutral.

Gedruckt auf säurefreiem und chlorfrei gebleichtem Papier

Springer Gabler ist Teil von Springer Nature
Die eingetragene Gesellschaft ist Springer Fachmedien Wiesbaden GmbH
Die Anschrift der Gesellschaft ist: Abraham-Lincoln-Str. 46, 65189 Wiesbaden, Germany

Inhaltsverzeichnis

1	**Einführung**...	1
	Literatur..	7
2	**Storytelling statt Fachwort-Salat**............................	9
	2.1 Sprachanalyse auf der Couch bei Freud.....................	9
	2.2 Ein erster Blick auf die 3-Akt-Struktur.....................	13
	2.3 Erste Erkenntnisse aus der 3-Akt-Struktur...................	22
	Literatur..	23
3	**Die Archetypen in uns**.....................................	25
	3.1 Ein zweiter, kritischer Blick auf die 3-Akt-Struktur............	25
	3.2 Die Archetypen und Jung.................................	27
	3.3 Die Archetypen-Liste....................................	29
	3.4 Das archetypisch Dunkle in uns...........................	35
	3.5 Ein Archetypen-Muster für eine Business-Geschichte..........	41
	3.6 Wie Sie Ihre Geschichte formulieren können.................	43
	3.7 Wenn Ihr Held in einem Loch versinkt – versteckte Fallgruben des Storytellings..	45
	Literatur..	49
4	**Geschichten und ihre Gattungen – eine Liste an Genres**..........	51
	Literatur..	61
5	**Die realistischen Protagonisten unserer Geschichten – Charaktere mit vielen Gesichtern**......................................	63
	Literatur..	70

6	**Storytelling abseits von Marketing und Markenführung**	73
	6.1 Der geschäftsführende Storyteller?	73
	6.2 Im Spinnennetz der Archetypen	78
	Literatur	82
7	**Cliffhanger-Geschichten in der Social-Media-Welt**	85
	7.1 Die zersplitterte 3-Akt-Struktur	85
	7.2 Möglichkeiten einen Cliffhanger zu setzen	88
	Literatur	94
8	**Storyteller ohne Geschichten**	95

Nachwort: An der Schwelle zum Paradies 103

Über den Autor

Oliver Grytzmann ist Gründer von „Candid Rhetorics" und vermittelt über sein Unternehmen die Methoden Storytelling und klare Kommunikation an Mittelständler und Konzerne – vornehmlich in den Bereichen Vertrieb und Projektarbeit. Als Schauspieler steht er seit acht Jahren auf der Theaterbühne und leitet seit drei Jahren das „Schauspiel Groß & Klein"-Improvisationstheater. Das Thema Rhetorik begleitet ihn seit seinem Studium, im Verlauf dessen er u. a. zum Präsidenten eines der erfolgreichsten akademischen Debattierclubs im deutschsprachigen Raum gewählt wurde. Seit 2016 gehört er in Frankfurt am Main zu den „Toastmasters", einer weltweit tätigen Organisation zur Förderung der Kunst des öffentlichen Redens. Der „Business Club Frankfurt Toastmasters" trainiert insbesondere das Redetalent von erfolgreichen Unternehmern; Oliver Grytzmann steht dem Club bereits in seiner zweiten Amtszeit als Leiter des Ressorts „Public Relations" vor.

Abbildungsverzeichnis

Abb. 1.1	Das Storytelling-Dreieck	5
Abb. 2.1	Die Ungerechtigkeit in Akt 1	15
Abb. 2.2	Der persönliche Satan des Protagonisten an der Schwelle zu Akt 3.	20
Abb. 2.3	Akt 3 – Aufbruch in die neue Routine	21
Abb. 6.1	Mögliche Anordnung des Archetypen-Spinnennetzes mit Abenteurer, Souverän und Narr	81

Einführung

Zusammenfassung

Geschichten regen unsere Gefühle an, die wiederum als Antriebssystem für unsere Motivation dienen. Erzählungen beginnen mit dem emotionalen Dreieck aus Ungerechtigkeit – Protagonist – Dilemma, das sich in eine unveränderbare 3-Akt-Struktur einfügen lässt.

Geschichten entführen Sie in die Welt der Emotionen; vom Beginn einer Geschichte an investieren Sie daher unweigerlich Gefühle in das Szenario, das Ihnen als Publikum präsentiert wird. Stephen Kings *Es* beginnt beispielsweise mit den Worten: „Der Schrecken, der weitere achtundzwanzig Jahre kein Ende nehmen sollte – wenn er überhaupt je ein Ende nahm –, begann, soviel ich weiß und sagen kann, mit einem Boot aus Zeitungspapier, das einen vom Regen überfluteten Rinnstein entlangtrieb" (King 2011, S. 1). Das Wort „Schrecken" weckt in Ihnen beim Lesen das beklemmende Gefühl, das Sie aus Ihren eigenen Angsterfahrungen kennen. Diese Angst möchten Sie idealerweise umgehen – aber Sie möchten sich zugleich versichern, dass Ihnen der Schrecken der Geschichte „nichts anhaben" kann. Sie sind vom ersten Satz an interessiert an der Geschichte; umso mehr, weil King aus der Perspektive eines echten Menschen zu schreiben scheint. Die Sprache seines ersten Satzes klingt wie Alltagssprache und ist geprägt vom Zweifel, ob sich die Ereignisse der Geschichte tatsächlich wie beschrieben einordnen lassen. Es entsteht der Eindruck, dass ein tatsächlicher Mensch sich an Sie wendet. Ihr Interesse steigt weiter.

Mario Puzo verfolgt mit seiner Geschichte dieselbe emotionale Strategie. In dem Buch *Der Pate*, das die Vorlage für den gleichnamigen Film von Francis Ford Coppola bildet, lesen Sie diesen ersten Satz: „Amerigo Bonasera saß im Verhandlungsraum des New Yorker Strafgerichts Nr. 3 und wartete auf sein Recht;

© Springer Fachmedien Wiesbaden GmbH 2018
O. Grytzmann, *Storytelling mit der 3-Akt-Struktur,*
DOI 10.1007/978-3-658-18024-9_1

auf die Bestrafung jener Männer, die seine Tochter so brutal misshandelt hatten" (Puzo 2001, S. 1). Der Richter wird die beiden Männer aber nur zu einer Bewährungsstrafe verurteilen; als Leser haben Sie Anteil an der Wut des verzweifelten Vaters. Auch diese Geschichte bindet Sie von Beginn an auf emotionale Weise.

Wir Menschen werden nicht nur in den Geschichten der Neuzeit sofort emotional von Erzählungen angesprochen. Bereits Autoren aus lange vergangenen Tagen, bis hin zur Prä-Antike, arbeiteten mit Emotionen, um am Beginn ihrer Geschichten Interesse bei ihrem Publikum zu erzeugen. Betrachten Sie z. B. den ersten Satz der Bibel: „Am Anfang schuf Gott Himmel und Erde; die Erde aber war wüst und wirr, Finsternis lag über der Urflut und Gottes Geist schwebte über dem Wasser" (1. Mose 1). Finsteres Chaos trifft hier auf die Schöpferkraft des jüdischen Gottes Jahwe. In einem einzigen Satz lesen Sie den Kern einer Heldengeschichte, in der der jüdische Gott antritt, um dem Kosmos seine erschreckende Sinnlosigkeit zu nehmen. Jahrtausende später, zur Zeit der Renaissance, begannen Autoren ihre Geschichten auf dieselbe emotionale Art, z. B. William Shakespeare in *Romeo und Julia*. In der ersten Szene des Theaterstücks begegnen Sie Romeo und seinem Cousin Benvolio in diesem Dialog (Shakespeare 2012, S. 5):

Romeo: Der Liebe schwur sie ab. Den Schwur muss ich beklagen: Ich bin lebendig tot; leb nur, um dies zu sagen.

Benvolio: So hör auf mich: hör auf, an sie zu denken.

Romeo: Oh, lehre mich, wie ich zu denken aufhör.

Benvolio: Indem du deinen Augen Freiheit gönnst: Sieh andre Schöne an!

Romeo: Zeig Eine mir, die unvergleichbar schön ist! Wozu die Schönheit, als dass ich draus lese, wer diese trefflich Schöne übertraf? Lebwohl: Vergessen lehren kannst du nicht!

Romeo beklagt, dass Rosalinde seine Liebe nicht erwidert; eine Situation, die jeder von uns aus seinem eigenen Liebesleben kennt, und auch Benvolios Rat kommt uns bekannt vor. Sie entwickeln sogleich Sympathie für Romeo und seinen Schmerz über die verflossene Liebe.

Die Kunst, Geschichten zu erzählen, hat unter dem Namen „Storytelling" längst die Wirtschaft erreicht. Um Beispiele hierfür zu finden, müssen Sie nicht einmal auf die USA blicken; amerikanische Unternehmen wie Apple nutzen die Methode zwar bereits seit den frühen 1980er Jahren, um kultartige Werbung zu produzieren – aber auch die größten DAX-Unternehmen bieten ihre Produkte und Dienstleistungen bereits mithilfe von Geschichten an. Ein Beispiel hierfür ist die Werbung des Energieanbieters E.ON aus dem Jahr 2011, in der fiktive Kunden Fragen zur Energiewende an das Unternehmen stellen (Rentz 2011). Im Jahr 2016 bewarb ein weiterer DAX-Konzern, die Deutsche Post, die Vorteile eines klassischen Briefes gegenüber einer E-Mail: Das Unternehmen verpackte seine

Botschaft in eine emotionale Geschichte um ein kleines Mädchen, das seinen Großeltern mit einem Brief ein Stück ihrer Heimat schickt. Der Slogan der Deutschen Post dazu lautete: „Das kann nur ein Brief!" (Deutsche Post (YouTube) 2015).

Ich bin Schauspieler und möchte Ihnen in diesem Buch zeigen, mit welchen Methoden Bühnendarsteller aus dem professionellen Improvisationstheater packende Geschichten erzählen. Im Improvisationstheater spielen wir ohne Skript und lassen unsere Ideen spontan auf der Bühne entstehen – mithilfe unseres Publikums. Improvisationstheater nutze ich auch in Seminaren und Workshops mit Unternehmenskunden. Um hier packende Geschichten zu erzählen, verwenden wir bekannte, immer wiederkehrende Muster und bauen sie auf der Bühne in die Storys unserer Geschäftskunden ein. Auf den kommenden Seiten werden wir viele Beispiele von Geschichten aus Filmen und Werbekampagnen analysieren und mit den Werkzeugen, die sich hinter diesen Storys verbergen, grundlegende Modelle für Geschichten entwickeln, die für Ihr Unternehmen relevant sein können. Mein Ziel ist es, Sie mit dem Rüstzeug eines Storytellers aus der Perspektive des Schauspielers auszurüsten, damit Sie mit diesem Expertenwissen attraktive Geschichten zu Ihrem Unternehmen erzählen können, die Ihre Kunden und Mitarbeiter begeistern.

George Orwell, der uns vor allem durch seine Werke *1984* und *Farm der Tiere* bekannt ist, beschreibt in seinem Text *Why I Write* seine Vorstellung eines guten Geschichtenanfangs: „My starting point is always a feeling of partisanship, a sense of injustice" (Orwell 2004, S. 34). Den Beginn seiner politischen Geschichten bildet für Orwell stets eine Ungerechtigkeit – und in den obigen Beispielen sehen wir dasselbe Muster: In Stephen Kings *Es* terrorisiert das außerirdische Wesen die Stadt Derry und der sechsjährige Georgie, dem das Papierboot aus dem ersten Satz gehört, wird in der Geschichte dessen erstes unschuldiges Opfer. In Mario Puzos *Der Pate* sehen Sie die Ungerechtigkeit des Justizsystems im Staat New York; im ersten Buch der Bibel erscheint die Sinnlosigkeit des Kosmos als Ungerechtigkeit und bei Shakespeare kann Romeo nicht verstehen, warum seine Angebetete Rosalinde seine Liebe nicht erwidert. Wenn Sie sich den angesprochenen Werbespot der Deutschen Post anschauen, entdecken Sie auch hier eine Ungerechtigkeit. Der Werbespot beginnt mit der Idylle eines bayerischen Dorfes. Angenehme Gefühle kommen auf, aber zugleich realisieren wir: Welches Logistiknetz kann hier wohl greifen? Der Spot des Unternehmens gibt uns eine Antwort darauf.

In Stephen Kings Buch *On Writing* führt der Autor von *Es* den Gedanken zu einem guten Geschichtenanfang fort, den Orwell begonnen hat. King schreibt: „I want to put a pair of characters (perhaps a pair; perhaps even just one) in some sort of predicament (Dilemma) and then watch them try to work themselves free" (King 2010, S. 164). King schafft in seinen Geschichten also ein Dilemma, das sich aus der Ungerechtigkeit ergibt, und Figuren, die sich aus diesem Dilemma befreien müssen.

Wie verbinden Sie die Begriffe „Ungerechtigkeit" und „Dilemma" nun zu einem spannenden Geschichtenanfang? Indem die Ungerechtigkeit gleich zu Beginn von Ihrer Hauptperson erlebt wird. Diese Hauptfigur wird durch die Ungerechtigkeit vor eine Herausforderung gestellt, die sie im Verlauf der Geschichte überwindet. Schauen wir uns dieses Prinzip genauer an: Der Terror von *Es* in Derry ruft Bill Denbrough, den Bruder des getöteten Georgie, und die weiteren Mitglieder des „Klubs der Verlierer" auf den Plan. Diese stehen als Erwachsene vor dem Dilemma, ob sie sich erneut in Lebensgefahr begeben sollen, um den Schrecken ihrer Kindheit endgültig zu besiegen, oder ob sie den Schwur brechen sollen, nach Derry zurückzukehren, falls „Es" erneut erwacht. In Orwells *1984* gerät durch das Regime des „Großen Bruders" der Protagonist Winston Smith in eine schwierige Ausgangslage; sein Dilemma besteht darin, entweder inmitten von Geheimpolizei und Spitzeln die Partei zu Fall zu bringen oder der Partei zu dienen, indem er als Angestellter im „Ministerium für Wahrheit" beim Erstellen von erlogener Staatsgeschichte hilft. In der Volkswagen-Werbung „Lachende Pferde" aus dem Jahr 2016 besteht das Dilemma des Protagonisten darin, entweder seinen VW mit Pferdeanhänger ohne Hilfe in eine Parklücke zu lenken – was kläglich scheitert und die zuschauenden Pferde zum Wiehern bringt – oder auf den neuen Tiguan umzusteigen, der auch mit einem Pferdeanhänger automatisch einparken kann und die Pferde erstaunt verstummen lässt (Volkswagen (YouTube) 2016).

Sie als Publikum sind interessiert an diesen Protagonisten, weil die Hauptfiguren (auch „Helden" genannt) eine Ungerechtigkeit und ein daraus hervorgehendes Dilemma erleben, die auch Sie nachvollziehen können. Lassen Sie diese wichtige Erkenntnis im Storytelling wirken. Sie kennen das Gefühl, sich zu einer Sache verpflichtet zu haben, die Ihnen Angst einflößt – auch wenn Sie kein unheimliches Wesen namens „Es" verfolgt. Sie kennen außerdem das Dilemma, zwischen Pflichterfüllung und Ihrem Gewissen entscheiden zu müssen – wenngleich Sie nicht wie Winston Smith in einem totalitären System leben. In den Ungerechtigkeiten und Dilemmata, die den Protagonisten in Geschichten begegnen, sollen Sie stets einen Konflikt erkennen, den Sie in vergleichbarer Weise selbst durchlebt haben. Mehr noch: Der Protagonist einer Geschichte soll Ihr Stellvertreter in der Erzählung sein, mit dem Sie sich identifizieren und durch dessen Augen Sie die Herausforderung der Geschichte emotional erfahren können (Yorke 2014, S. 3). Wie sich die Leser Ihrer Erzählungen emotional in Ihre Geschichte hineinfühlen können, erfahren Sie im Hauptteil dieses Buches.

1 Einführung

Ich möchte an diesem Punkt noch von dem „Dreieck" aus Ungerechtigkeit – Protagonist – Dilemma sprechen, mithilfe dessen Sie einen starken Geschichtenanfang verfassen können (vgl. Abb. 1.1). Die Möglichkeiten, mit welchen Inhalten Sie jede Spitze dieses Dreiecks besetzen können, sind unendlich. Sie sind frei, jeden Protagonisten, jede Ungerechtigkeit und jedes sich aus ihr ergebendes Dilemma in die jeweiligen Positionen des Dreiecks einzusetzen, vorausgesetzt ihr Zielpublikum kann sich mit dieser Figur identifizieren. Sie können die Inhalte des Dreiecks sogar vertauschen, um eine ähnliche, aber dennoch andere Geschichte zu erzählen. Was ich damit meine: Setzen Sie beispielsweise „Es" als Protagonisten von Stephen Kings Geschichte ein. In diesem Fall besteht die Ungerechtigkeit etwa darin, dass die Stadt Derry dem unheimlichen Wesen nicht aus freien Stücken Menschen als Nahrung zur Verfügung stellt; das ungerecht behandelte „Es" steht demnach vor dem Dilemma, ob es sich verhungernd aus der Stadt zurückziehen oder unter Verfolgung des „Klubs der Verlierer" seinem Appetit nachgehen soll. Ein makaber anmutendes Beispiel, das Sie aber für schwarze Satire anwenden können.

Sie würden vielleicht einwenden, dass Sie sich nicht mit einem mordenden Wesen identifizieren können. Das geht meist tatsächlich nicht, aber in Geschichten gilt diese Aussage nicht in jedem Fall. *Der Pate* lädt das Publikum dazu ein, sich mit dem Mafiaboss Vito Corleone zu identifizieren. Der in der Verfilmung von Francis Ford Coppola von Marlon Brando verkörperte „Pate" wurde von *Premiere* – einem respektablen monatlichen Filmmagazin aus New York City – im Jahr 2004 sogar zur besten Filmfigur aller Zeiten gewählt (The Guardian 2015). Im Jahr 1983 begeisterte Al Pacino als kubanischer Drogenboss und Protagonist

Abb. 1.1 Das Storytelling-Dreieck

Tony Montana das Publikum im Film *Scarface*. Das legendäre US-Magazin *Entertainment Weekly* wählte diesen Film im Jahr 2003 unter die besten 50 Kult-Filme aller Zeiten (Entertainment Weekly Mai 2003, S. 22). Die Begeisterung für Vito Corleone und Tony Montana ist verständlich; Corleone tut als Pate alles, um seine „Familie" zu schützen, und er selbst ist ein Ehrenmann.

Tony Montana fasziniert sein Publikum hingegen vor allem durch sein kühnes, selbstbewusstes Auftreten im Angesicht von mächtigen Kartellbossen. Corleone ist für uns eine Vaterfigur, Montana hingegen ein Proll, den zu hassen wir lieben. Die beiden Figuren belegen, dass wir uns als Publikum mit dem Protagonisten selbst dann identifizieren können, wenn uns nur ein Teil seiner Persönlichkeit begeistert. Auch diesen Aspekt von Geschichten werden Sie im Hauptteil des Buches nochmals antreffen.

Ihre Geschichte besitzt aber nicht nur veränderbare Elemente wie das erwähnte Dreieck. Sie werden auch die 3-Akt-Struktur kennenlernen; dieses Gerüst besteht in jeder Geschichte und diese Struktur ist unveränderlich. Stellen Sie sich die 3-Akt-Struktur demnach als konstanten Takt vor, auf dem das „Dreieck" um Ungerechtigkeit – Protagonist – Dilemma seine veränderbaren Töne spielen kann. Im Verlauf dieses Buches werden Sie lernen, den „Takt" der 3-Akt-Struktur anzuwenden.

Warum sollten Sie als Unternehmer oder Angestellter in einem Unternehmen aber überhaupt Geschichten erzählen? Auch Sie kennen bestimmt Geschäftsführer, Chief Financial Officers, Abteilungsleiter oder Einkäufer, für die ausschließlich Zahlen und Fakten zu zählen scheinen. Emotionen sind für diese Menschen „überflüssige Gefühlsduselei", die in der Kommunikation ihres Unternehmens nicht vorgesehen sind. Emotionen sind allerdings die Antriebssysteme, durch die unsere Wahrnehmung, Urteilskraft und Strategie zur Konfliktlösung entscheidend beeinflusst werden. Emotionen lassen uns z. B. mit Begeisterung auf ein Ziel hinarbeiten oder sorgen dafür, dass wir uns vehement von einem Ziel abwenden (Mast 2010, S. 389). In diesem Buch erfahren Sie daher, wie Sie mit der Kunst Geschichten zu erzählen, also Storytelling, Kunden und Mitarbeiter begeistern können. Der Duden beschreibt das Verb „begeistern" als: *„(in jemandem) ein lebhaftes Interesse für etwas erwecken"* (Duden online 2017). Sie sollen mit Geschichten also in der Lage sein, Mitarbeitern und Kunden eines Ihrer Ziele schmackhaft zu machen – sei es der Kauf Ihres Produktes oder Ihrer Dienstleistung im Bereich Business-to-Business (B2B) oder Business-to-Customer (B2C), sei es das Gewinnen von Unterstützung für Ihr Projekt oder das Formen eines gemeinsamen Wir-Gefühls zwischen Ihren Mitarbeitern nach einer Unternehmensfusion. Wie Sie dies tun können, sollen Sie nun im Detail erfahren.

Was Sie jetzt tun können
- Schauen Sie, in wie vielen Beispielen Ihr Unternehmen Geschichten für Kunden und Mitarbeiter erzählt. Was sagen diese Geschichten aus? Wenn Sie keine Storys finden: Was sollten sie erzählen?
- Wenn Ihr Unternehmen bereits Geschichten erzählt: Beinhalten diese Storys Ungerechtigkeiten und Dilemmata, die Ihre Kunden und Mitarbeiter wirklich betreffen oder interessieren? Wenn nein: Welche neuen Geschichten müsste Ihr Unternehmen dann erzählen?

Literatur

Deutsche Post: Das kann nur ein Brief 2016. https://www.youtube.com/watch?v=RCu_qpDowrE (2015). Zugegriffen: 4. Mai 2017
Die Bibel: Einheitsübersetzung. Herder (1999)
Duden online: „begeistern" auf Duden online. http://www.duden.de/node/713429/revisions/1380643/view (2017). Zugegriffen: 4. Mai 2017
Entertainment Weekly: Top 50 Cult Movies. 5, New York (2003)
King, S.: On Writing: A Memoir of the Craft. Scribner, New York (2010)
King, S.: Es. Heyne, München (2011)
Mast, C.: Unternehmenskommunikation, 4. Aufl. UTB, Stuttgart (2010)
Orwell, G.: Why I Write. Penguin, London (2004)
Puzo, Mario: Der Pate. Rowohlt, Berlin (2001)
Rentz, I.: Markenkampagne: Energieriese Eon geht auf die Verbraucher zu. http://www.horizont.net/agenturen/nachrichten/-Markenkampagne-Energieriese-Eon-geht-auf-die-Verbraucher-zu–Kreation-kommt-von-Serviceplan-103675 (2011). Zugegriffen: 4. Mai 2017
Shakespeare, W.: Romeo und Julia. Reclam, Stuttgart (2012) (Übersetzt von Herbert Geisen)
The Guardian: Godfather voted the don of movie characters. The Guardian, 15. April. https://www.theguardian.com/film/2004/apr/15/news (2015). Zugegriffen: 4. Mai 2017
Volkswagen: Lachende Pferde. https://www.youtube.com/watch?v=OkcP5Od86r0 (2016). Zugegriffen: 4. Mai 2017
Yorke, J.: Into The Woods: How Stories Work and How We Tell Them. Penguin, London (2014)

Storytelling statt Fachwort-Salat 2

> **Zusammenfassung**
>
> Texte mit Fachwort-Salat wecken in uns keine Emotionen. Die Hirnforschung lässt Rückschlüsse darauf zu, dass wir in komplexen Texten keine bekannten Muster erkennen, was das Verständnis dieser Botschaften erschwert. Geschichten arbeiten stattdessen grundsätzlich mit uns bereits vertrauten Schemata und sind daher einfach zu verstehen. Wir sehen uns dazu ein ausführliches Beispiel der 3-Akt-Struktur an.

2.1 Sprachanalyse auf der Couch bei Freud

Sigmund Freud glauben wir gut zu kennen: „Ödipuskomplex", „Penisneid" und „Katharsis" sind Begriffe, die wir spontan mit dem Psychoanalytiker verbinden. Seine Texte sind uns weniger bekannt und lösen wahrscheinlich auch wenig Begeisterung aus. Sie lesen im nächsten Satz ein Beispiel von Freud zum Thema Sexualität: „Der optische Eindruck bleibt der Weg, auf dem die libidinöse Erregung am häufigsten geweckt wird und auf dessen Gangbarkeit – wenn diese teleologische Betrachtungsweise zulässig ist – die Zuchtwahl rechnet, indem sie das Sexualobjekt sich zur Schönheit entwickeln lässt" (Freud 1972, S. 34). Freud präsentiert hier das reizvolle Thema „Sex" ziemlich unsexy und bietet uns als Lesern keinen emotionalen Zugang zu unserer eigenen Sexualität.

Diese Einschätzung rührt vor allem daher, dass Freud uns in diesem Ausschnitt keinen Stellvertreter zur Identifikation an die Seite stellt, wie dies eine Geschichte tun würde. Freud stützt sich abstrakt auf „die libidinöse Erregung", „die Zuchtwahl" und „das Sexualobjekt", um seine Informationen dem Publikum nahezubringen.

© Springer Fachmedien Wiesbaden GmbH 2018
O. Grytzmann, *Storytelling mit der 3-Akt-Struktur*,
DOI 10.1007/978-3-658-18024-9_2

Gegen einen Begeisterungssturm unter seinen Lesern spricht auch, dass die wenigsten von uns seine Aussage beim ersten Lesen komplett verstehen dürften – der Satz besitzt zu viele unklar formulierte Informationseinheiten. Der Duden stellt z. B. für den Begriff „Gangbarkeit" fest, dass dieses Wort selten bis gar nicht in der Datenbank des Rechtschreibwörterbuches vorkommt (Duden online 2017). Stellen Sie sich vor: Aussagen wie die oben zitierte finden Sie auf insgesamt 103 Seiten von Freuds Buch – Sie erkennen augenblicklich, warum dieser Text die meisten Menschen nicht dazu begeistert, ihn bis zum Ende zu lesen.

Fälle wie diese sind nicht auf die akademische Welt beschränkt, sondern haben sich längst auf den Bereich der Wirtschaft ausgebreitet. Der Vortragsredner und Autor René Borbonus liefert uns in seinem Buch *Klarheit: Der Schlüssel zur besseren Kommunikation* ein solches Beispiel aus der Wirtschaft, das ebenfalls keine Begeisterungsstürme ausgelöst hat (Borbonus 2015). Borbonus verweist auf die Worte von Daimler-Vorstandschef Dieter Zetsche bei der Hauptversammlung des Unternehmens über das Konzerngeschäftsjahr 2011. Zetsche unterlief der Fauxpas, die von ihm präsentierten Zahlen nicht in ein lebhaftes Szenario einzubetten. Konkret drückte er sich z. B. so aus: „Unser Konzernumsatz stieg um 9 Prozent auf 106,5 Milliarden Euro. Unser EBIT lag bei 8,8 Milliarden Euro, aus dem laufenden Geschäftsjahr sogar bei 9 Milliarden. Das ist ein Plus von 20 beziehungsweise 24 Prozent gegenüber dem Vorjahr. Unser Konzernergebnis fiel mit 6 Milliarden Euro um 29 Prozent höher aus als 2010. [...] Auch unsere Kapitalkosten haben wir 2011 klar übertroffen und damit deutlich Wert geschaffen" (Borbonus 2015, S. 124 f.).

Wenn Sie bei dieser Rede anwesend gewesen wären und die Konzernzahlen von 2010 und 2011 direkt hätten vergleichen können, wäre es Ihnen wahrscheinlich möglich gewesen, einen wesentlichen Mehrwert zu erkennen. Die meisten Aktionäre auf dieser Veranstaltung dürften über diese und weitere relevante Informationen allerdings nicht verfügt haben, sodass die Rede inhaltlich an ihnen vorbeiging. Borbonus schlägt daher vor, komplexe Inhalte wie die eines Geschäftsberichtes in Form von Storytelling an das Publikum herzutragen. Für die Rede von Dieter Zetsche hat der Autor sogar einen Vorschlag für eine lebensnahe Einbettung der Zahlen parat. Borbonus schlägt vor, die Geschäftszahlen von Daimler – und die mit ihnen verbundenen Konzernziele – folgendermaßen vor der Hauptversammlung zu präsentieren: „Stellen Sie sich vor, Sie und ich fahren heute im neuen Mercedes-Roadster durch den schicken Vorort XY. [Sie] stellen fest, dass hier in jeder vierten Einfahrt ein Mercedes steht. Nun stellen Sie sich vor, wir machen den gleichen Ausflug durch dieselbe Nachbarschaft im Sommer 2016 noch einmal. Dann wird in dieser Nachbarschaft vor jeder zweiten Garage ein Mercedes stehen. Das ist unser Ziel" (Borbonus 2015, S. 127). Beachten Sie bei der Geschichte von Borbonus unser bereits bekanntes Muster: In seiner

Geschichte finden Sie eine Identifikationsperson – sich selbst. Sie stoßen auf eine Ungerechtigkeit, nämlich dass in diesem schicken Vorort „nur" in jeder vierten Einfahrt ein Mercedes steht. Daraus ergibt sich ein Dilemma: Begnügen wir uns – als Daimler-Aktionäre – mit dieser Marktdurchdringung oder gehen wir einen Schritt weiter? Natürlich machen wir uns zu einem größeren Ziel auf, denn eine Geschichte ist zugespitzte Realität. Herausforderungen, denen wir gegenüberstehen, lassen uns in Storys nicht zurückschrecken. Probleme sind in Geschichten stattdessen Wachstumsmotoren, da wir uns trauen, sie anzupacken.

Vielleicht sind Sie weiterhin skeptisch gegenüber dem Einsatz von Storytelling für Ihre Mitarbeiter und Kunden. Auf die obigen Beispiele bezogen sagen Sie vielleicht: Der „Fachwort-Salat" ist detailreicher und gibt die Situation für die Gruppe, die ich anspreche, genauer wieder, als es eine Geschichte könnte. Mitarbeiter und Kunden sollten den Willen besitzen, sich diesem komplexen Inhalt zu stellen. Ihre Argumentation ist so weit richtig; die Gruppen, die Sie ansprechen, könnten sich die Zeit nehmen, den komplexen Inhalt, den Sie ihnen übermitteln wollen, im Detail durchzulesen. Die Frage lautet allein: Wollen Ihre Mitarbeiter oder Kunden das auch? Studien, die sich mit den Lesern von Zeitungen beschäftigt haben, deuten auf das Gegenteil hin. Im Jahr 2007 kam beispielsweise eine deutschsprachige Studie zu dem Schluss: *„Die Zeitungslektüre ist ein hochgradig selektiver Prozess. Nur ein Bruchteil dessen, was die Zeitung an Beiträgen beinhaltet, wird von den Lesern beachtet, und nur ein Bruchteil der Texte wird auch gelesen"* (Leidecker 2015, S. 9).

Bereits im Jahr 1987 sagte eine Studie aus, dass von durchschnittlich 65.000 Wörtern in einer deutschen Tageszeitung nur 5000 Wörter wahrgenommen werden. Über 91 % des Inhaltes gehen demnach an den Lesern einer Zeitung vorbei. und gehen wir davon aus, dass hier „wahrgenommen" nicht dasselbe bedeutet wie „gelesen", vergrößert sich diese Prozentzahl nochmals (Leidecker 2015, S. 9 f.). Die Zahlen sollten uns interessieren, da die Leser einer Zeitung in der Regel nicht die Absicht haben, weniger als 10 % des Inhaltes durchzugehen. Bedenken wir, dass sich unter den Lesern auch etliche Abonnenten einer Zeitung befinden, erscheint diese Idee noch unwahrscheinlicher. Wir können demnach davon ausgehen, dass Zeitungsleser das Bedürfnis haben, die Texte ihres Blattes auch zu konsumieren. Warum sie ihre Absicht diesen Studien zufolge nicht umsetzen, kann mit Erkenntnissen der Hirnforschung verständlich gemacht werden.[1]

---

[1] Beachten Sie die folgenden Zeilen allerdings mit kritischem Blick: Immerhin bin ich kein Experte auf diesem Gebiet – sei es als Neurobiologe oder Psychologe – und der aktuelle Forschungsstand zur Funktionsweise des Gehirns umfasst zum Teil sich widersprechende Ergebnisse, soweit ich dies als Laie beurteilen kann.

Experten auf diesem Gebiet scheinen sich zunächst einig darüber zu sein, dass unser Gehirn bis zu 20 % unseres Energiehaushaltes verbraucht; gemessen am Gewicht unseres Denkorgans eine stattliche Größenordnung (Swaminathan 2008). Der Arbeitsspeicher unseres Hirns – also die Menge an Informationen, die wir zugleich verarbeiten können – scheint allerdings nur bis zu fünf Informationseinheiten aufnehmen zu können, sodass unser Gehirn seine Prozesse ständig automatisiert, um Platz im Arbeitsspeicher zu schaffen (Adams 2016, S. 85). Wir kennen den positiven Effekt dieser Automatisierungsprozesse von unseren erlernten Fähigkeiten: Denken Sie beispielsweise an das Autofahren bzw. das Beherrschen einer Sportart oder einer Sprache. Nachdem wir eine Aufgabe wiederholt eingeübt haben, fallen wir in den Zustand eines Autopiloten und können dies ohne Anstrengung tun. Den negativen Effekt von automatisierten Gehirnprozessen kennen wir ebenso gut: Sie schaffen Stereotypen und Vorurteile. Kennen wir z. B. zwei Handvoll Frauen, die viel reden, sind für uns alle Frauen Quatschtanten. Mögen viele Männer in Ihrem Umfeld Fußball und Autos? Das wiederkehrende Muster, das wir bei einer Gruppe von Männern hinsichtlich ihrer Hobbys beobachten, ist für unser Gehirn ein Grund, den Inhalt so zu automatisieren, dass wir meinen, jeder Mann pflege diese Hobbys.

Für den Fachwort-Salat von Sigmund Freud oder den von Managern eines börsennotierten Unternehmens auf ihrer Hauptversammlung bedeuten diese Einsichten in die wahrscheinliche Arbeitsweise unserer Gehirne nichts Gutes: „teleologische Betrachtungsweise", „EBIT" und „Kapitalkosten" stellen keine sprachlichen Muster dar, die ein Durchschnittsbürger in seiner Wahrnehmung automatisiert hat. Sein Arbeitsspeicher im Gehirn quillt dadurch schnell vor Informationen über, die er erst verarbeiten muss, aber nicht kann. Die wahrscheinliche Folge: Das Gehirn dieser Menschen versucht, das wiederholte Nicht-Verstehen von Informationen zu vermeiden, indem es entsprechende emotionale Signale an das Bewusstsein sendet (Shpancer 2010). Diese Konsequenz trifft nicht auf jeden Persönlichkeitstyp zu, allerdings belegen Motivationsforschungen mit Testpersonen eine klare Verbindung zwischen wiederholtem Nicht-Verstehen einer Information und einer emotionalen Abwehrreaktion gegenüber diesem Inhalt (Higgins und Kruglanski 2000, S. 198 ff.).

Betrachten wir dagegen Storytelling: Sie kennen Fälle von Ungerechtigkeit und Dilemmata auch aus Ihrem eigenen Leben. Außerdem ist Ihnen bekannt, dass der Protagonist der Geschichte Sie unbewusst dazu einlädt, sich mit ihm zu identifizieren. Geschichten treten demnach mit Mustern an Sie heran, die Ihnen vertraut sind. Ihr Gehirn, das danach strebt, bekannte Sinneseindrücke zu automatisieren, findet in der Geschichte solche vertrauten Muster. Mehr noch: Das Betrachten bzw. das Hören solcher vertrauten Muster scheint Ihr Gehirn nach aktuellem neurowissenschaftlichen Stand in denselben Zustand zu versetzen, als würden Sie die Situation selbst erleben. An der Universität in Parma dokumentierten Hirnforscher diese Beobachtung bei Affen in ihrem Labor. Bei einem Tier, das einen Wissenschaftler dabei beobachtete, wie er nach seinem Mittagessen griff, waren dieselben Hirnteile aktiv, die es genutzt hätte, wenn es den Griff nach Nahrung selbst ausgeführt hätte. Dieser Prozess ist auf unser menschliches Gehirn übertragbar (Rizzolatti und Craighero 2004, S. 169). Ein Ereignis, das wir selbst erleben, ist mit einer Emotion verbunden, und Gefühlsregungen wiederum schütten in unserem Gehirn das Glückshormon Dopamin aus, das uns hilft, ein Ereignis in Erinnerung zu behalten (Medina 2014, S. 93).

Über diese Einblicke in die Hirnforschung hinaus, über die ich – wie bereits angemerkt – nicht als Experte sprechen kann, besitze ich meine persönlichen Erfahrungen als Schauspieler. Als Darsteller im professionellen Improvisationstheater spiele ich für Unternehmen und staatliche Organisationen zu Anlässen wie Produkteinführungen oder auf Kongressen. Je genauer wir Schauspieler Figuren aus der Lebensrealität unserer Kunden spielen können, desto spürbarer ist die positive Reaktion, die uns die Zuschauer geben. Diese identifizieren sich in diesem Fall mit der Figur, durchleben ihr berufliches Problem mithilfe der dargestellten Figuren und fiebern emotional mit bis zur Lösung. Wir sagen: Unsere Zuschauer erleben durch unser Theaterspiel eine „Trockenübung". Dabei können sie ihre aktuelle berufliche Herausforderung schrittweise überwinden, und zwar durch das Produkt oder die Dienstleistung, die wir bespielen.

Die positive Haltung der Zuschauer zum Produkt bzw. zur Dienstleistung ist bereits beim anschließenden Netzwerken zu spüren und wiederholt erhält unser Ensemble auch nach Monaten positive Rückmeldung von unserem Publikum – durchaus mit detaillierten Erinnerungen an unsere Figuren und die Herausforderungen, die sie überwinden mussten. Wir fühlen uns durch diese Rückmeldungen darin bestärkt, dass Storytelling – in diesem Fall über das Mittel der Theaterkunst – in Menschen ein lebhaftes Interesse für eine Sache wecken und dieses Interesse in der Erinnerung verankern kann.

2.2 Ein erster Blick auf die 3-Akt-Struktur

Wir widmen uns nun dem beständigen Takt einer jeden Geschichte, also der 3-Akt-Struktur. Wenn Sie gern eine Theateraufführung besuchen, kennen Sie diese dreigeteilte Konstante von Storys bereits. Der Begriff „Akt" stammt aus der Welt des Theaters und bezeichnet zeitlich gesehen die Spanne zwischen dem Öffnen und dem Fallen des Vorhangs. In der Regel endet das Stück mit dem dritten

Akt; Theaterstücke besitzen manchmal auch eine 5-Akt-Struktur, z. B. *Romeo und Julia*. Der Einfachheit halber arbeiten wir in diesem Buch mit drei anstelle von fünf Akten. Stellen Sie sich diese drei Akte wie eine eigene Welt vor und unterteilen Sie diese Welt in „Erde", „Hölle" und „Paradies". Diese Analogie hat einen besonderen Sinn: In jedem Akt stehen die Protagonisten vor anderen Herausforderungen und diese drei Dimensionen der „Welt" geben Ihnen stets Orientierung, wo sich Ihr Held in der Geschichte gerade befindet.

Akt 1 („Erde")
Wir beginnen in jeder Geschichte auf der „Erde". In dieser Welt erlebt der Held noch keine Herausforderungen. Stattdessen ist für ihn die „Erde" das „Zuhause", das von gewohnten Abläufen geprägt ist. Erinnern Sie sich aber auch daran, dass jede Geschichte von Beginn an mit Emotionen arbeitet, die Sie dazu verleiten sollen, Interesse an ihr zu entwickeln. Interesse entsteht immer durch ein Ungleichgewicht, das wir wahrnehmen (vgl. Abb. 2.1). Uns interessiert, woher das unbekannte Geräusch kommt, welches Geschenk wir von unserem Partner zum Geburtstag bekommen und auf welchem Weg wir nach einem Unfall in ein normales Leben zurückkehren können. Auch in unseren Geschichten muss die „Erde" bereits ein Ungleichgewicht aufweisen und darf daher nicht zu harmonisch sein.

In der Einführung in Kap. 1 haben Sie hierzu Beispiele aus Stephen Kings *Es* oder Mario Puzos *Der Pate* genannt bekommen. Beide Male lesen wir im ersten Satz der Geschichte von einer Ungerechtigkeit: Das Wesen „Es" terrorisiert die Stadt Derry und das Justizsystem des US-Bundesstaates New York setzt sich nicht für das Recht ein. In der Werbung der Deutschen Post sehen wir die bayerische Idylle zugleich als mögliche Logistikwüste. Im Verlauf dieser Geschichten erfahren wir, dass die Ungerechtigkeit einer konkreten Person widerfährt: Bei Stephen King wird der kleine Georgie Denbrough das erste Opfer des unheimlichen Wesens „Es", das sich die Form von „Pennywise, dem Clown" gibt. Im Roman *Der Pate* geschieht das Unrecht Amerigi Bonasera, den wir in der ersten Filmszene mit dem Paten Vito Corleone sehen. Das kleine Mädchen, das seinen Großeltern einen Brief schicken will, begegnet im Werbespot der Ungerechtigkeit. In Filmen beginnt die Geschichte ebenso emotional. In *Matrix* hören wir in den ersten Minuten des Films ein Gespräch zwischen Trinity und Cypher mit, das offenkundig abgehört wird. Ohne an diesem Punkt etwas Wesentliches über die Geschichte zu wissen, steigt unser Interesse für die Story: Wer sind die beiden Personen, die miteinander reden? Warum werden sie abgehört und welche Konsequenz ziehen die Mithörer aus dem Gespräch?

2.2 Ein erster Blick auf die 3-Akt-Struktur

Abb. 2.1 Die Ungerechtigkeit in Akt 1

Schauen wir uns an Film- und Buchbeispielen genau an, wie die Regisseure ihre Zuschauer mit Akt 1 der Geschichte begeistert haben: *Terminator 2* beginnt mit einer Kamerafahrt durch ein Trümmerfeld, und eine weibliche Stimme bemerkt trocken: „3 Milliarden Menschen verloren am 29. August 1997 ihr Leben." Im Anschluss sehen wir den unerbittlichen Kampf der überlebenden Menschen gegen die Maschinenarmee des Supercomputers Skynet. James Cameron, der Regisseur dieses Films, füllt mit dieser kurzen Sequenz die Spitze „Ungerechtigkeit" unseres Storytelling-Dreiecks. Cameron nahm sich für diese ersten Minuten seines Films Zeit und füllte das Dreieck nicht gleich vollständig.

Der Protagonist beispielsweise fehlt in diesen ersten Bildern. In Stephen Kings *Es* nimmt sich King dieselbe Zeit beim Erzählen seiner Geschichte. Der kleine Georgie ist in *Es* die Figur, durch die der Aspekt der „Ungerechtigkeit" erlebbar wird. Aber Georgie ist nicht der Protagonist der Geschichte.

Die Geschichte für Ihre Mitarbeiter oder Kunden sollte auf dieselbe langsame Weise beginnen. Starten Sie zunächst in Akt 1 mit dem, was auf der „Erde" falsch läuft. Ihr Publikum soll sofort wissen: Dies ist die Ungerechtigkeit und sie ist ein permanenter Zustand, der sich nicht von alleine wieder auflösen wird. Im Theaterschauspiel nennen wir dies auch den „Makel der Routine" von Akt 1. Die Ungerechtigkeit muss an diesem Punkt eine gewisse Größe besitzen. Die Geschichte der Deutschen Post schwächelt diesbezüglich: In der Story taucht sofort ein gelber Postwagen auf und die Herausforderung, einen Brief von einer weltabgewandten Idylle schnell an einen anderen Ort zu versenden, erscheint plötzlich ganz leicht zu bewältigen. Sie sollten sich für Ihre Geschichten lieber an den Beispielen der genannten Filme orientieren. Die gewichtigen Probleme lauten hier: Wie sollen Menschen gegen eine Maschinenarmee siegen? Wie kann die Menschheit in *Matrix* ihre Sklaverei überwinden? Diese Herausforderungen sind gewaltig und wir fragen uns: Wie kommen die Menschen dieser Geschichte aus der Situation bloß wieder raus?

Wenn dem Zuschauer das Ausmaß der Ungerechtigkeit bewusst ist, können Sie damit beginnen, vom Protagonisten zu erzählen. Ich betone an dieser Stelle noch einmal, wie wichtig die langsame Abfolge einer Geschichte ist. Wir wollen als Menschen bekannte Muster erkennen und wir machen es uns als Geschichtenerzähler leichter, wenn wir ein bekanntes Muster nach dem anderen (!) erzählen. Erzählen Sie vom Protagonisten der Geschichte demnach im Anschluss an die Ungerechtigkeit, nicht davor oder währenddessen. Der Protagonist ist zu diesem Zeitpunkt der Geschichte noch im Unklaren bezüglich der Ungerechtigkeit, die existiert. In *Terminator 2* weiß der junge John Connor also noch gar nicht, dass er in der Zukunft zum Anführer der Menschheit gegen Skynet wird und welche Ungerechtigkeit der Supercomputer über die Menschheit bringt.

Erzählen Sie stattdessen vom Alltag der Hauptfigur, also von der Routine. Wir wollen als Zuschauer sehen, mit wem wir uns identifizieren sollen. Schauen wir uns an, wie James Cameron dies in *Terminator 2* macht. John Connor ist ein Rebell; das ist typisch für einen Jugendlichen und dieses Muster können wir als Zuschauer auch sofort zuordnen. Im Film sind die ersten Schritte, mit denen die Dreieckspitze „Protagonist" ausgefüllt wird, sehr leicht nachzuvollziehen. John wohnt bei Pflegeeltern, die er nicht respektiert. Unser Rebell stiehlt, um das Geld im Anschluss in einem Einkaufszentrum auszugeben. Wir als Zuschauer bleiben

2.2 Ein erster Blick auf die 3-Akt-Struktur

interessiert an der Geschichte. Der Grund: Wir erkennen schnell ein bekanntes Muster – den Rebellen – und der Film hält sich auch in den nächsten Schritten an das Versprechen, uns einen Rebellen zu zeigen.

Halten Sie sich aber nicht zu lange mit der Routine des Helden auf. Da Sie mit bekannten Mustern arbeiten, bedarf es auch nicht vieler erklärender Worte. Setzen Sie Ihrem Protagonisten zu, um die Spannung aufrechtzuerhalten. Im Film erlebt Connor deshalb relativ schnell die Ungerechtigkeit; er begegnet der Maschine, die ihn beschützen soll (gespielt von Arnold Schwarzenegger) und auch der Maschine, die von Skynet geschickt worden ist, um ihn zu töten. Beide Maschinen kommen aus der Zukunft und besitzen die Gestalt eines Menschen. Die Ungerechtigkeit kommt in Akt 1 der Geschichte an, im Theaterschauspiel nennen wir die Figur den „Herold" (Boten). Die Funktion des Herolds ist diese: Wie Sie als Zuschauer zu Beginn des Films die Ungerechtigkeit der Geschichte emotional miterlebt haben, so erlebt nun der Protagonist die Ungerechtigkeit am eigenen Leib.

An diesem Punkt sollte etwas Dramatisches passieren; die Ungerechtigkeit ist gefährlich, und deshalb muss sie den Protagonisten gefährden. In *Terminator 2* versucht die Maschine von Skynet – der T-1000 –, Connor zu töten, woran der Beschützer des jungen John Connor (Schwarzenegger) sie hindert. Natürlich entkommen die beiden dem T-1000, sonst wäre die Geschichte schon hier vorbei. Der „Herold" hat allerdings eine Narbe in der Routine hinterlassen. Die Welt, wie sie der Protagonist kannte, kann nicht länger so existieren. Vom ersten Auftritt des Herolds bis zum Ende des ersten Akts passiert daher eine wesentliche Sache: Sie als Storyteller sollten Ihren Helden eine Abwärtsspirale hinunter schicken, die ihn an die Schwelle von Akt 2 führt. Wie Sie gesehen haben, begegnet uns in Akt 2 die Welt der Hölle. Im Film tötet der T-1000 die Pflegefamilie von John Connor. Seine Routine ist zerstört, er ist am Höllentor angekommen und muss sich entscheiden, ob er in diese Welt eintreten will.

Bevor wir die dritte Spitze unseres Storytelling-Dreieckes ausfüllen – also das Dilemma –, möchte ich Sie noch einmal dazu anhalten, Ihre Geschichten simpel und gerade deshalb kraftvoll zu schreiben und zu erzählen. Nehmen Sie einfach die Inhalte, die sich logisch aus dem bisher Gesagten ergeben. Eben weil der Regisseur Cameron John Connor im ersten Akt seines Film derart logisch darstellt, empfinden wir als Zuschauer auch Sympathie für den Protagonisten: Wir kennen das Muster, in das er fällt, und empfinden daher Verständnis für seine Handlungen. Vermeiden Sie deshalb einen inhaltlichen Bruch zwischen den Elementen Ihrer Geschichte, sodass Ihr Publikum sich während der Geschichte nicht wundern muss. In diesem ungünstigen Fall würden Sie einen Teil der emotionalen Verbundenheit Ihres Publikums verlieren.

Kommen wir nun zu der dritten Spitze unseres Dreiecks – das Dilemma. Mit dem Dilemma bringen Sie zum Vorschein, dass jede Entscheidung Ihres Helden mit negativen Konsequenzen verbunden ist. Belässt er es bei seiner Routine, wird er in ihr untergehen; denn durch den Herold hat eine Talfahrt eingesetzt, die die Welt von Akt 1 zerstört hat. Entscheidet sich der Held in Akt 2 weiterzugehen, erwartet ihn ein weiterer Ort des Leidens. Ihr Protagonist befindet sich demnach in einer Zwickmühle. An diesem Punkt Ihrer Geschichte wird der Held gezwungen, die Hölle zu betreten; im späteren Verlauf der Geschichte wird er erkennen, dass er allein durch diese Höllendurchquerung wieder äußeren und inneren Frieden für sich finden kann.

Akt 2 („Hölle")

„Die ihr hier eingeht, lasst die Hoffnung sterben", lesen wir über dem Höllentor aus Dante Alighieris *Die Göttliche Komödie* (Hölter 2002, S. 11). Derart erschüttert vor dem Höllentor stehend soll sich auch Ihr Protagonist fühlen. Die Sicherheit, die er vor Kurzem noch in seiner Routine besaß, soll der Erkenntnis weichen: Wenn er nun nichts für seine Rettung tut, ist er zusammen mit seiner „Erde" verloren und er wäre alles andere als ein Held. Da Geschichten aber immer Helden haben – auch wenn diese nicht immer siegreich sind –, gehen Sie mit Ihrem Protagonisten in Akt 2 über. Wie dem Zuschauer am Beginn der Geschichte erscheint nun dem Protagonisten die Aufgabe, vor der er steht, unlösbar; er fühlt sich wie jemand, der in die Hölle gestoßen wird, aus der es laut christlichem Glauben kein Entkommen gibt. Im Gegensatz zum christlichen Verständnis der Hölle besitzt der Ort des Leidens in einer Geschichte allerdings einen Ausweg – und diesen Ausweg erreicht der Protagonist trotz Gegner und mithilfe von Gefährten.

Die Gegner sind im Beispiel von *Terminator 2* klar: Es sind Skynet und der in die Vergangenheit geschickte T-1000. Gegner können in Ihren Geschichten auch unpersönlicher Natur sein. Für Ihre beruflichen Geschichten kann dies z. B. eine Compliance-Regel oder ein schwieriger Markt sein. Wichtig ist: Die Gegner müssen sich logisch ergeben. In *Terminator 2* wäre es wenig sinnvoll, wenn aus heiterem Himmel eine schwere Krankheit über John Connor hereinbrechen würde. Sie würden mit diesem Stück die Logik der Geschichte brechen. Bereits Aristoteles verurteilte das in antiken griechischen Theaterstücken gängige Mittel des „Deus ex Machina", durch das ein Schauspieler als ein Gott (an einem Kran hängend) plötzlich in der Geschichte auftaucht, ohne dass sein Erscheinen notwendig oder logisch ist (Soffing 1981, S. 142).

Machen Sie stattdessen im zweiten Akt die bereits vorhandenen Gegner stärker; sie könnten in der Überzahl sein und unser Held ist schließlich das erste Mal

2.2 Ein erster Blick auf die 3-Akt-Struktur

in der Hölle – und kennt sich hier nicht aus. Was der Protagonist nun braucht, sind Gefährten an seiner Seite, die das Kräfteverhältnis ausgleichen. In *Terminator 2* betritt John Connor seine Hölle offenkundig mit seinem Beschützer T-800 (Schwarzenegger). John Connor gewinnt als Gefährtin ebenso seine biologische Mutter, die in einer Nervenheilanstalt sitzt, da niemand ihre Geschichte über den Krieg zwischen Mensch und Maschine glaubt. Die Mutter stand wiederum vor ihrer Einweisung mit zwielichtigen Männern in Mexiko in Kontakt, um an Waffen für den bevorstehenden Krieg zu kommen. Auch diese Gefährten stehen John nun zur Seite. Nicht zuletzt suchen der junge Connor und seine Gefährten den Wissenschaftler auf, der entscheidend dazu beitragen wird, Skynet und seine Maschinenarmee Wirklichkeit werden zu lassen. Mit jedem Gefährten kommt ein Protagonist seinem Ziel näher, das angesprochene Gleichgewicht zwischen seinen Unterstützern und denen der Hölle herzustellen – um den Höllenkräften am Ende von Akt 2 direkt zu begegnen.

Jeder Gefährte, den Ihr Protagonist gewinnt, bedeutet eine Herausforderung. Nehmen wir erneut das Beispiel John Connor: Die Psychiatrie entlässt Sarah Connor selbstverständlich nicht freiwillig, der T-1000 vermutet natürlich, dass Connor sich an den Forscher wenden wird, der durch den Stopp seiner Forschung Skynet verhindern kann, und Polizei und Sondereinsatzkräfte der Stadt schauen auch nicht unbeteiligt zu, wenn Connor und seine Gefährten versuchen, die Forschungseinrichtung zu zerstören. Selbst mit der Unterstützung von Gefährten ist die Hölle ein gefährlicher Ort, und Ungerechtigkeit lauert überall. Wenn am Ende der Hölle die Hauptfiguren die direkte Konfrontation erwarten, dann können Sie sich diesen Kampf als den Endkampf mit dem satanischen Gegenspieler des Helden vorstellen. Im Fall von *Terminator 2* ist dies der Verfolger von Connor, T-1000. Am Übergang von der Hölle zu Akt 3, dem „Paradies", entscheidet es sich: Besitzen der Protagonist und seine Gefährten genug Kraft, um sich dem Teufel in der Story zu stellen – oder endet die Geschichte in einer Tragödie und die Kräfte der Hölle werden siegen (vgl. Abb. 2.2)?

Akt 3 („Paradies")

In *Terminator 2* besiegen John Connor und seine Gefährten den scheinbar unüberwindbaren T-1000. Connor darf die Hölle nun verlassen und tritt in sein Paradies ein, in dem die Ungerechtigkeit nicht länger besteht. In einer Geschichte ist der Eintritt in das Paradies in der Regel tatsächlich das Ende der Story; im Fall der *Terminator*-Filmreihe fand Hollywood einen – wenig erfolgreichen – Weg, die Geschichte in folgenden Teilen weiterzuerzählen. Das Paradies Ihrer Geschichte sollte sich dadurch auszeichnen, dass Ihre Hauptfigur am Ende nicht

Abb. 2.2 Der persönliche Satan des Protagonisten an der Schwelle zu Akt 3

nur eine Ungerechtigkeit beseitigt, sondern auch eine neue Fähigkeit gewonnen hat, die sie stärker macht. Somit endet Ihre Geschichte ebenso emotional, wie sie begonnen hat: Nachdem das Publikum Ihrem Helden durch die Hölle gefolgt ist, ist es nun in emotionaler Verzückung darüber, dass diese Identifikationsfigur ein neues, sorgenfreies Leben beginnen kann (vgl. Abb. 2.3).

Abb. 2.3 Akt 3 – Aufbruch in die neue Routine

2.3 Erste Erkenntnisse aus der 3-Akt-Struktur

Aus Ihrer ersten Betrachtung der 3-Akt-Struktur können Sie Folgendes mitnehmen:

- Die 3-Akt-Struktur beschreibt genau die Situation, die Ihr Publikum nicht eintreten sehen will, da sie eine seiner größten Ängste beschreibt. Die 3-Akt-Struktur versetzt Sie also in die Lage, authentisch mit Ihren Hörern zu sein. Mit Geschichten reden Sie Ihren Kunden oder Mitarbeitern daher nicht nach dem Mund, sondern fordern sie heraus. Dabei haben Sie zugleich die Möglichkeit, mit Ihrem Publikum ein Szenario durchzuspielen, dem zu begegnen es sich in der Realität üblicherweise nicht traut, nämlich den gefährlichsten Weg (durch die Hölle) zu gehen, um auf diesem Pfad ein Problem erfolgreich zu lösen. Mental speichert Ihr Publikum diese „Trockenübung" eines Gangs durch die Hölle als Erfolg ab, sodass seine Motivation steigt, auch in der Wirklichkeit ein Problem anzupacken. Somit wächst zugleich die Wahrscheinlichkeit, dass Ihr Publikum zu Ihrem Produkt bzw. Ihrer Dienstleistung oder Botschaft greift, die in der Geschichte als Lösung präsentiert wurde.
- Die 3-Akt-Struktur erzählt eine Geschichte aus der Sicht Ihres Mitarbeiters oder Kunden, während etliche Unternehmen ihr Personal oder ihre Kunden sonst aus der eignen Perspektive ansprechen. Machen Sie den Test und schauen Sie sich z. B. Websites von Firmen an, die im Business-to-Business-Geschäft (B2B) tätig sind. In vielen Fällen lesen Sie in den Webauftritten dieser Unternehmen dann von den großartigen Angeboten der Organisation, von vergangenen Erfolgen, zufriedenen Kunden und von Zukunftsvisionen. Eine Ungerechtigkeit – hier im wirtschaftlichen Sinn – wird in der Regel durchaus auf der Website erwähnt; häufig nennt das Unternehmen diese Ungerechtigkeit allerdings nur, um ihr die „grandiosen" Lösungen des Unternehmens gegenüberzustellen. Das Problem, dem ein Kunde individuell gegenübersteht, kommt in der Regel nicht zur Sprache. Die Kunden werden nonverbal dazu aufgefordert, sich selbst einen Reim darauf zu machen, ob das angebotene Produkt ihre Herausforderungen löst. Gut für Sie als Storyteller: Der Bedarf an Geschichten, die den Perspektivwechsel hin zum Kunden und seiner persönlichen Hölle vollziehen, erscheint so gesehen eindrucksvoll hoch.
- Die 3-Akt-Struktur verfügt über wiederkehrende Formen, an denen Sie sich für einen logischen Aufbau Ihrer Storys entlangbewegen können. Behalten Sie die Idee des Storytelling-Dreiecks und der 3-Akt-Struktur im Sinn, sodass Sie in jedem Moment Ihrer Geschichte wissen, welchen Inhalt Sie als Nächstes zu wählen haben.

Was Sie jetzt tun können
- Nehmen Sie Papier und Stift zur Hand und schreiben Sie auf, an welche Elemente der 3-Akt-Struktur Sie sich erinnern. Vergleichen Sie Ihr Ergebnis mit dem Inhalt dieses Buches.
- Fragen Sie sich: Für wen will mein Unternehmen Geschichten erzählen?
- Füllen Sie für diesen klassischen Kunden oder Mitarbeiter das Storytelling-Dreieck aus und schauen Sie, wie die sich abzeichnende Geschichte sich von den Botschaften unterscheidet, die Sie aktuell an diese Person oder Personengruppe richten.

Literatur

Adams, J.: Mindful leadership for dummies. Wiley, Chichester (2016)
Borbonus, R.: Klarheit: Der Schlüssel zur besseren Kommunikation. Econ, Berlin (2015)
Duden online: „*Gangbarkeit, die*" auf Duden online http://www.duden.de/rechtschreibung/Gangbarkeit (2017). Zugegriffen: 4. Mai 2017
Freud, S.: Drei Abhandlungen zur Sexualtheorie. Studienausgabe Band V. Fischer, Frankfurt a. M (1972)
Higgins, E.T., Kruglanski, A.W.: Motivational science: Social and personality perspectives. Psychology Press, Philadelphia (2000)
Hölter, E.: Der Dichter der Hölle und des Exils, S. 2002. Königshausen & Neumann, Würzburg (2002)
Leidecker, M.: „Das ist die Topgeschichte des Tages": Der Aufmacher-Artikel deutscher Tageszeitungen im Vergleich. Böhlau, Köln (2015)
Medina, J.: Brain rules: 12 Principles for surviving and thriving at work, home, and school. Pear Press, Seattle (2014)
Rizzolatti, G., Craighero, L.: The mirror-neuron system. Annu. Rev. Neurosci. **27**, 169–192 (2004)
Shpancer, N.: Emotional acceptance: Why feeling bad is good. Psychol Today, 8. September 2010. https://www.psychologytoday.com/blog/insight-therapy/201009/emotional-acceptance-why-feeling-bad-is-good (2010). Zugegriffen: 4. Mai 2017
Söffing, W.: Deskriptive und normative Bestimmungen in der Poetik des Aristoteles. B R Gruner, Amsterdam (1981)
Swaminathan, N.: Why does the brain need so much power? Sci Am, 29. April 2008. https://www.scientificamerican.com/article/why-does-the-brain-need-s/(2008). Zugegriffen: 4. Mai 2017

Die Archetypen in uns 3

Zusammenfassung

Auch Archetypen sind uns bekannte Muster, die mutmaßlich aus unserem „kollektiven Unbewussten" stammen. In diesem Kapitel widmen wir uns einer Liste der wichtigsten Archetypen für Ihre beruflichen Geschichten. Wir sehen außerdem ein Beispiel für die Nutzung von Archetypen in Ihren Geschichten und formulieren eine komplette Unternehmensgeschichte aus.

3.1 Ein zweiter, kritischer Blick auf die 3-Akt-Struktur

Ich gebe zu: Um die 3-Akt-Struktur ausfüllen zu können, benötigen Sie Wissen über Ihre Kunden oder Mitarbeiter bzw. den Willen, sich dieses zu besorgen. Das macht Storytelling für Sie vielleicht unattraktiv, weil Sie ohne Geschichten „einfacher" Kunden im Marketing oder im Vertrieb ansprechen bzw. Mitarbeiter in einem Projekt managen können. „Einfacher" erscheinen Ihnen diese Aufgaben ohne Geschichten vielleicht deswegen, weil Sie bei jedem Mitarbeiter bzw. Kunden standardisierte Argumente und Verkaufsstrategien anwenden können. Mit der 3-Akt-Struktur ist Ihnen dieser gemütliche Weg allerdings versperrt; stattdessen müssen Sie sich in Ihren Mitarbeiter oder Kunden hineinversetzen. Denken Sie an das Beispiel eines Kunden aus dem B2B-Bereich: Für eine Geschichte müssen Sie die aktuellen Ungerechtigkeiten kennen, die im Markt des Kunden bestehen – auch wenn Sie Ihr Produkt oder Ihre Dienstleistung branchenunabhängig anbieten und vielleicht noch nie im Markt dieses Kunden tätig waren. Sie müssen außerdem auf die Geschäftsfelder des Unternehmens schauen und herausfinden, wie die Ungerechtigkeit des Marktes den Kunden an die Schwelle seiner persönlichen Hölle führen kann. Diese Informationen zu erhalten ist aufwendig. Wie Sie in

Kap. 1 gesehen haben, haben Ihre Geschichten aber auch klare Vorteile gegenüber der Ansprache mit „Fachbegriff-Salat" oder anderen Kommunikationsmethoden, die nicht die Emotionen Ihrer Hörer aktivieren.

Sie können eine weitere berechtigte und kritische Frage stellen: Warum sollte sich mein Publikum mit dem Protagonisten meiner Geschichte überhaupt identifizieren? Diese Frage ist sehr gut und führt uns zum Thema dieses Kapitels. Nehmen wir der Einfachheit halber an, dass Sie Ihre Geschichten nur an eine Person richten möchten. Trotz der 3-Akt-Struktur kann es sein, dass sich diese Person – beispielsweise ein Kunde – nicht emotional an Ihre Story binden möchte. Woran kann diese ablehnende Haltung liegen? Sie erzählen möglicherweise vom „falschen" Protagonisten.

Bevor ich diesen Punkt weiter ausführe, möchte ich einen generellen Gedanken voranstellen. Meiner Erfahrung nach besitzt jeder Protagonist für das Publikum eine interessante Seite, weil er einem uns bekannten Muster als Ungerechtigkeit begegnen muss. Vielleicht waren Sie z. B. nie ein rebellierender Jugendlicher und vielleicht lehnen Sie ein solches Verhalten bei anderen auch strikt ab; aber trotzdem können Sie leicht Interesse für eine solche Figur gewinnen, weil Sie ihr Verhaltensmuster aus vielen anderen Situationen kennen. Vielleicht sind Sie nie ein kleines Mädchen gewesen, das seinen Großeltern einen Brief schicken wollte; aber dennoch kennen Sie das Gefühl, anderen unbedingt eine Freude machen zu wollen. In Ihrem Berufsleben, z. B. als Vertriebsverantwortlicher, bleibt Ihnen häufig auch nichts anderes übrig, als aus einem großen Pool an Protagonisten „blind" einen zu wählen, da Sie die genaue Persönlichkeit Ihres Gesprächspartners nicht kennen und ihm vielleicht sogar das erste Mal in Ihrem Leben begegnen.

In der Regel funktionieren die Geschichten mit den Protagonisten Ihrer Wahl auch, allerdings werden Sie ebenso auf Menschen treffen, die sich von Ihrem Protagonisten nicht emotional ansprechen lassen. Diese Menschen mögen die von Ihnen gewählte Hauptfigur deshalb ablehnen, weil der Protagonist zu weit von ihrer Persönlichkeit entfernt ist und sich Ihr Gesprächspartner auch nicht in eine ihm fremde Figur hineinfühlen möchte. In der Folge interessiert sich Ihr Kunde oder Mitarbeiter auch nicht für das Schicksal, dass dem Protagonisten widerfährt – auch wenn die Bedrohung, die von der Ungerechtigkeit ausgeht, für Ihren Gesprächspartner logisch erscheint. Sie sehen hier eine Seite des Storytellings, durch die Ihre Verkaufspräsentation, Ihre Marketingstrategie oder Ihre Kommunikation innerhalb des Unternehmens massiv an Attraktivität verlieren kann. Sie können das allerdings verhindern, wenn Sie die Persönlichkeit Ihres Gesprächspartners einschätzen können. Nehmen Sie den typischen Verkaufszyklus im B2B-Geschäft, der insgesamt mehrere Monate oder Jahre andauern kann. Sie erhalten in dieser Zeit gleich an mehreren Stellen die Gelegenheit, sich über die Persönlichkeit Ihres Geschäftspartners schlauzumachen.

3.2 Die Archetypen und Jung

Als Theaterschauspieler benutzen wir „Archetypen", um unseren Figuren eine Persönlichkeit zu geben, mit denen sich unser Publikum identifizieren kann. Stellen Sie sich Archetypen als grundlegende Rollenmuster vor, mit denen wir konkrete Handlungsweisen verbinden. Der Begriff „Archetyp" stammt aus der Psychologie. Schöpfer dieses Wortes ist Carl Gustav Jung, ein Schüler von Sigmund Freud, der diesen Begriff in die Psychoanalyse einführte. In einem Interview erklärte Jung den Begriff am Beispiel des uns bekannten Ödipuskomplexes: „Der Ödipuskomplex stellt ein ausgezeichnetes Beispiel für die Verhaltensweise eines Archetyps dar. Er beinhaltet immer eine ganze Situation. Es gibt eine Mutter, einen Vater, einen Sohn und eine ganze Geschichte, wie sich die Situation entwickelt und wohin sie letztlich führt. Das ist ein Archetyp. Ein Archetyp ist immer eine Art verkürztes Drama" (Hinshaw 1986, S. 108).

Das „verkürzte Drama", das laut Jung in einem Archetyp angelegt ist, können Sie über die 3-Akt-Struktur und das Storytelling-Dreieck erzählen: Die Spitze der „Ungerechtigkeit" ist die unerfüllte körperliche Liebe zur eigenen Mutter, die vom Vater verhindert wird. Die Spitze „Protagonist" nimmt Ödipus als Sohn ein. Die Spitze „Dilemma" lautet: Soll Ödipus der körperlichen Liebe zu seiner Mutter abschwören oder soll er einen Weg finden, diese Liebe möglich zu machen? Die Intervention des Vaters ist der Herolds-Moment, der Ödipus in die Hölle von Akt 2 führt, und die Hölle an sich ist die Überwindung des Vaters. Sie können demnach mit Archetypen arbeiten und mit diesen Rollenmustern die Grundstruktur einer Geschichte bereits im Gepäck haben. Archetypen sind so gesehen „Spickzettel" für Sie als Storyteller.

Wir als Schauspieler nutzen Archetypen, um uns Mustern zu bedienen, die uns laut Jung bei unserer Geburt mitgegeben wurden. Jung ging bei seinen Studien über die menschliche Psyche davon aus, dass wir mit einem „kollektiven Unbewussten" zur Welt kommen; damit meinte der Experte auf dem Gebiet der Psychoanalyse, dass wir unbewusst die Erfahrungen unserer Vorfahren in uns tragen. Bestimmte Rollen, mit denen wir stets gleiche Verhaltensmuster in Verbindung bringen, gibt es laut Jung bereits seit dem Beginn der Menschheit. Weil sich diese Rollen und Muster bis in die Gegenwart beständig wiederholen, sind die Erinnerungen unbewusst in uns verankert. Unser Gehirn erkennt diese Muster als ein bekanntes Szenario, sobald wir eine entsprechende Situation erleben oder von ihr hören (Schorn 2003, S. 68 f.).

Akzeptieren wir die Ergebnisse, zu denen Jung in seinen Forschungen kam, können wir sagen, dass Archetypen unserem Gehirn erlauben, die wahrgenommene Geschichte zu automatisieren. Die Theorie von Jung ist auf vielfache Kritik gestoßen und das Phänomen der „Archetypen" lässt sich mit wissenschaftlichen

Methoden auch nicht eindeutig beweisen (Balmer 1972, S. 84). Als Bühnendarsteller verfügen wir allerdings über jahrelange Erfahrungen hinsichtlich Archetypen in unseren Geschichten. Die archetypischen Muster, die wir unseren Geschichten geben, nutzt unser Publikum bei jeder Aufführung, um sich mit den Protagonisten der Geschichte erfolgreich zu identifizieren.

Archetypen tragen in unseren Geschichten dazu bei, den roten Faden einer Erzählung zu behalten. Am Beispiel des Archetyps Ödipus erkennen Sie allerdings auch, dass die Geschichte, die in einem Archetyp angelegt ist, eindimensional sein kann. Als Protagonist in einer Story kann sich Ödipus nicht ausschließlich auf die körperliche Sehnsucht nach seiner Mutter konzentrieren. Genauso würden wir es als unglaubwürdig empfinden, wenn sich John Connor nur als jugendlicher Rebell definieren würde (der Rebell ist übrigens auch ein Archetyp, wie wir in Abschn. 3.3 sehen werden). Wollen wir mit Archetypen die Verhaltensweisen von richtigen Menschen abbilden, müssen wir uns eingestehen, dass Menschen komplexere Interessen haben. So gesehen können wir sagen: In unserer Brust schlagen die Herzen mehrerer Archetypen.

Auch Carl Gustav Jung warnte seine Leser davor, einen Menschen eindimensional nur über einen Archetypus zu verstehen. Als Psychoanalytiker wandte er seine Theorie der Archetypen logischerweise nicht auf Geschichten an, obwohl er klarmachte, dass Geschichten auf archetypischen Figuren beruhen (Mayes 2016, S. 109 f.). Stattdessen erklärte Jung, dass in unserer Persönlichkeit mehrere archetypische Rollen und Verhaltensweisen angelegt sind. Der Begriff „Persönlichkeit" beinhaltet für Jung auch, dass wir uns in unserem Selbstverständnis beständig verändern. Demzufolge wechselt unsere Persönlichkeit, da wir lebenslang nach unserem wahren Ich streben. Jung nannte diesen Prozess „Individuation".

Im Verlauf dieser „Individuation" basiert unser Handeln auf verschiedenen Archetypen, dabei verschmelzen diese Muster harmonisch miteinander und bilden wiederum neue Muster aus, die erneut miteinander verschmelzen, und wir gelangen durch diese Wiederholung beständig näher an unser wahres Ich (Meier 1995, S. 59 f.). Folgen wir der Theorie von Jung in Kombination mit der 3-Akt-Struktur weiter, können wir sagen: Ein Mensch erreicht mit jedem neuen Abschnitt seiner Individuation einen neuen Ausstieg aus seiner persönlichen Hölle und ein erneutes Eintreten in ein Paradies. In diesem Paradies verweilt der Mensch so lange, bis ein weiterer nicht ausgelebter Archetyp ihn an ein neues Höllentor führt. Erneut an diesem Punkt angekommen, erhält dieser Mensch ein weiteres Mal die Gelegenheit, durch seine persönliche Hölle hindurch den nun ausgelebten Archetyp in sein wahres Ich zu integrieren.

Einigen von Ihnen sind die 3-Akt-Struktur und die Archetypen von Jung wahrscheinlich schon bekannt. In diesem Fall haben Sie sich möglicherweise bereits mit

Joseph Campbells „Heldenreise" auseinandergesetzt (Campbell 1973). Campbell ließ sich als amerikanischer Mythenforscher von Jungs Theorie zum „kollektiven Unbewussten" beeinflussen und übertrug sie auf die Geschichten der Menschheit. In seinem Buch *Der Heros in tausend Gestalten* aus dem Jahr 1949 beschrieb Campbell eine These, wonach jede Geschichte der Menschheit auf der „Heldenreise" oder dem „Monomythos" aufgebaut ist. Campbell bezog in seine Theorie die frühesten Geschichten der Menschheit, die wir aus Höhlenmalereien kennen, die Mythen und religiösen Erzählungen der Antike, Theaterstücke sowie Märchen und Geschichten aus seinen Lebzeiten ein. Für Campbell folgte jede dieser Geschichten ein und demselben Aufbau, den Sie grob mit der 3-Akt-Struktur vergleichen können. Campbell ging mit seiner These des „Monomythos" noch einen Schritt weiter als Jung: Für ihn waren die Geschichten, die wir Menschen uns erzählen, nicht nur mit Archetypen bevölkert, sondern auch die „Heldenreise" an sich war in seinem Denken ein Teil des „kollektiven Unbewussten" (Campbell 1973, S. 18 f.).

Die „Heldenreise" von Campbell inspirierte einige Drehbuchautoren in Hollywood, ihre Geschichten nach diesem Muster zu schreiben; zu ihnen gehört auch George Lucas, dem wir die legendären Kinogeschichten der ursprünglichen *Star-Wars*-Trilogie verdanken (White 2000, S. 69 f.). In die Wirtschaftswelt hat Campbells Heldenreise ebenso Einzug gehalten und Storytelling wird anhand des Monomythos gelehrt. Wenn Sie sich bereits in Joseph Campbell eingelesen haben, werden Sie erkannt haben, dass ich der Heldenreise in diesem Buch nicht im Detail folge. In meinen Augen beschreibt Campbell den Monomythos zu detailliert und er geht davon aus, dass sich dieser komplexe Ablauf der 3-Akt-Struktur in jeder Geschichte wiederfinden muss. Ich glaube allerdings, dass das Dreieck Ungerechtigkeit – Protagonist – Dilemma (das so bei Campbell nicht vorkommt) den Ablauf einer Geschichte mit jedem Mal wesentlich neu beeinflusst und wir daher nicht von einem festen „Monomythos" sprechen können. Ich ermutige Sie allerdings, sich *Der Heros in tausend Gestalten* durchzulesen, falls Sie dies noch nicht getan haben. Sie finden in dem Werk eine detaillierte Beschreibung der Archetypen, die in Abschn. 3.3 auf uns wartet.

3.3 Die Archetypen-Liste

Dieses Unterkapitel umfasst im Wesentlichen eine Liste der Archetypen, die Sie nach meinem Dafürhalten am häufigsten für Ihre beruflichen Geschichten gebrauchen werden. Jeder Archetyp stellt nach Jung „ein verkürztes Drama" dar, wie Sie bereits wissen, und Sie erhalten mit dieser Liste somit Material für Ihren Spickzettel. Um das Thema „Archetypen" noch greifbarer für Sie zu machen, möchte ich Ihnen den Ausdruck „I Want" aus dem Theaterschauspiel näherbringen. Jede Hauptfigur besitzt in unseren Geschichten ein eindeutiges Ziel – eben das „I Want". Am Beispiel des Ödipus können wir sagen, dass sein „I Want" lautet: „Ich will die körperliche Sehnsucht nach meiner Mutter stillen und dabei meinen Vater als Rivalen aus dem Weg räumen." Dieses „I Want"-Muster beinhaltet alle Elemente der verkürzten Geschichte; wir Schauspieler benutzen es als „Koffer", in dem wir das Archetypen-Muster bequem verpacken können. Sie sehen in den folgenden Zeilen für jeden Archetyp diese „I Want"-Struktur zusammen mit weiteren Erklärungen. Diese Erklärungen ergeben sich aus meinen jahrelangen Erfahrungen auf der Bühne und aus den Archetypen-Karten aus *Archetypes in Branding* von Margaret Hartwell und Joshua C. Chen (2012).

Der Beschützer folgt dem folgenden „I Want": „Ich will mich gegen innere und äußere Feinde meiner Familie zur Wehr setzen. Mir ist dabei Respekt wichtig, der mir in meiner Rolle gezollt wird, und ich gehe für meine Familie bis zur Selbstaufopferung." Schauen wir uns den Beschützer in einem Film an: In Der Pate sehen Sie Vito Corleone (Marlon Brando) als Beschützer. In der einführenden Szene kümmert sich Corleone z. B. um seinen familieninternen Feind Amerigi Bonasera. Bonasera, der das Unrecht an seiner Tochter rächen will, sucht als Familienmitglied die Hilfe von Corleone. Dabei tritt er aber fordernd auf und handelt somit respektlos gegenüber dem Paten, der in der Familienhierarchie an der Spitze und daher über Bonasera steht. Corleone rügt ihn dafür, betont den Respekt, den er in seiner Rolle verdient, und entscheidet sich, einem Buße tuenden Bonasera dennoch zu helfen. Als äußerer Feind von Corleone tritt Virgil „Der Türke" Sollozzo auf, der auf dem Gebiet von Corleones „Familie" – diesmal meine ich auch den Mafiaclan von Corleone – Drogen verkaufen will. Im Gespräch mit den anderen „Familien" aus dem US-Staat New York zeigt Corleone seinen Respekt gegenüber den anderen Mafiapaten, die das Geschäft mit Sollozzo eingehen wollen. Corleone rückt also von seiner Blockadehaltung ab, obwohl er moralische Bedenken hat, Drogen auf die Straßen „seiner" Stadt zu bringen. Im weiteren Verlauf des Films zeigt sich, dass Sollozzo der Familie von Corleone als äußerer Feind weiteren Schaden zufügen will.

Einen anderen Beschützer sehen wir in Roberto Benignis Film Das Leben ist schön. Benigni spielt in diesem Film Guido Orefice, einen Italiener mit jüdischen Wurzeln während des Zweiten Weltkrieges. Im Verlauf des Films schützt Orefice seinen kleinen Sohn Giosuè in einem Konzentrationslager, in das die beiden deportiert werden. Orefice macht den Jungen glauben, dass sie sich in einem Spiel befinden, bei dem der Gewinner einen Panzer geschenkt bekommt. Die „Spielregeln" legt Orefice in der Tragikomödie so an, dass sein Sohn vor den Nationalsozialisten im Lager so gut es geht beschützt wird. In diesem Zusammenhang sehen wir

z. B. eine Lagerversammlung, in der Orefice aus dem Deutschen ins Italienische übersetzen soll; sein Sohn, der versteckt anwesend ist, hört von seinem Vater einen Teil der Spielregeln. In Wirklichkeit weist der Lagerkommandant Orefice scharf dazu an, den Gefangenen klarzumachen, dass sie umgebracht werden, sollten sie versuchen zu fliehen. Am Ende des Films opfert sich Orefice für seine Familie, als er während eines Aufruhrs im Lager seine Frau – die ebenfalls deportiert wurde – beschützen will. Die Nazi-Schergen im Lager nehmen diesen Vorfall zum Anlass, Orefice sofort zu erschießen. Als er hinter eine Mauer geführt wird und sein Sohn ihn dabei beobachtet, tut Orefice ein letztes Mal so, als befänden sich die beiden in einem Spiel, das fast gewonnen ist. In der letzten Szene wird das Lager von amerikanischen Streitkräften befreit und Giosuè steht staunend vor einem Panzer.

Sie sehen, wie unterschiedlich ein Archetyp in eine konkrete Geschichte gekleidet werden kann. Stellen Sie sich einen Archetypus als eindeutig erkennbare Form mit Ecken und Kanten vor, die Sie allerdings unterschiedlich ausgestalten können. Dadurch entstehen Figuren, die sehr unterschiedlich zu sein scheinen, aber in ihrem urtypischen Muster vergleichbar sind. Wenn Sie in Ihrem Unternehmen auf der Suche nach archetypischen Mustern sind, versuchen Sie, die Persönlichkeit eines Menschen über das „I Want" eines Archetyps zu legen, und schauen Sie, wie groß die Übereinstimmung zwischen diesem Menschen und der psychoanalytischen Rolle ist. Alternativ können Sie sich oder andere Menschen fragen: Was ist das „I Want" von Person X? Da wir Menschen uns durch Geschichten definieren und ausdrücken, führt uns die Antwort auf diese Frage meistens geradewegs zu einem Archetypen-Muster.

Der Diener folgt dem folgenden „I Want": „Ich will mein Tun für eine Person oder eine Gruppe selbstlos einsetzen. Meine eigenen Interessen stelle ich für dieses Ziel in den Hintergrund und ich möchte den Menschen, denen ich diene, loyal sein und keine Probleme bereiten." Sie denken beim Archetypen Diener wahrscheinlich an einen Sklaven und natürlich ist dies eine Möglichkeit, diesen Archetypen in einer Geschichte zu verpacken. Sie müssen den Diener aber nicht zwangsläufig auf diese Weise einsetzen. Ein schönes Beispiel für eine andere Art von Diener ist Alfred Pennyworth, der Butler von Bruce Wayne alias Batman. Alfred und Bruce Wayne verbindet eine enge und vertrauensvolle Beziehung zueinander. In den Batman-Verfilmungen von Christopher Nolan erklärt Alfred außerdem, dass er Waynes verstorbenen Eltern vor deren Tod versprochen hat, sich, solange er lebt, um den heranwachsenden Bruce zu kümmern. Alfred nimmt so gesehen die Rolle des dienenden Ersatzvaters an und unterstützt Bruce Wayne nach Kräften dabei, sein Doppelleben unerkannt aufrechtzuerhalten.

Der Rebell besitzt das „I Want": „Ich will mich einem ungerechten System widersetzen und versuchen, es zu zerstören. Ich nehme dabei hohes persönliches

Risiko auf mich und ich möchte Leute dabei anführen, sich aus dem Klammergriff des ungerechten Systems zu befreien." Rebellen in Filmen sind Neo aus Matrix, Winston Smith aus 1984, Katniss Everdeen aus den Tributen von Panem und John Connor aus der Terminator-Reihe.

Der Maverick folgt dem „I Want": „Ich will frei sein und jede Regel, die mir aufgedrängt werden soll, sehe ich als Einschränkung meiner Selbstverwirklichung an. Ich bin direkt in meinen Ansichten, lasse jedem Menschen aber selbst die Wahl, so zu leben, wie er oder sie es für richtig hält." Protagonisten, die zu den Mavericks gehören, sind Wyatt (Peter Fonda) und Billy (Dennis Hopper) aus dem Kultfilm Easy Rider von 1969. Die beiden Protagonisten sind Gesetzlose, die als Drogenkuriere auf ihren Harley-Davidson-Motorrädern durch die Südstaaten der USA fahren. Nebenbei machte der Film die „Captain America" Harley-Davidson zur Ikone unter den Motorrädern (Saharudin 2016). Archetypen können aber auch Antihelden sein. Als solcher ist Jordan Belfort (Leonardo DiCaprio) in Wolf of Wallstreet ein „dunkler" Maverick. Als Broker – also als Aktienhändler –, der immense Gewinne anhäuft, bewegt sich Belfort abseits von Recht und Gesetz und glaubt, dass für ihn und seine Clique andere Regeln gelten als für den Normalbürger. Seine Freiheitsliebe grenzt an Selbstzerstörung durch Drogenkonsum, Alkohol und Prostituierte – und droht, sein Privatleben zu zerstören, bevor er am Ende des Films festgenommen und wegen seiner Verbrechen verurteilt wird.

Der Abenteurer lebt nach dem „I Want": „Ich will mein beachtliches Fachwissen in unbekannten und überraschenden Situationen einsetzen. In Szenarien wie diesen blühe ich zu Höchstleistungen auf. Ein normales Leben langweilt mich und ich brauche die gesunde Konkurrenz zu anderen Menschen." Harrison Ford spielt als Indiana Jones den Archetypen Abenteurer. Als Archäologieprofessor und leidenschaftlichen Abenteuer-Jäger verschlägt es „Indy" unter anderem in antike Tempelanlagen im Dschungel Perus oder in den Himalaya. Ein weiterer Abenteurer ist Xander Cage, gespielt von Vin Diesel, aus dem Film xXx. Cage ist ein Extremsportler, der mit illegalen Stunts seine Fangemeinde begeistert und einen Strafenkatalog bei den amerikanischen Bundesbehörden ansammelt. Nach seiner Festnahme läuft Cage zu Hochform auf, als er für den amerikanischen Geheimdienst eine russische Untergrundorganisation ausspionieren soll. Seine Fähigkeiten als Extremsportler werden für diesen Auftrag vom amerikanischen Staat sehr geschätzt, der Cage im Gegenzug anbietet, sein Strafregister zu löschen.

Der Innovator besitzt das „I Want": „Ich will mein Gespür zum Einsatz bringen, um Verbindungen zwischen Sachverhalten zu sehen, die andere Menschen nicht erkennen können. Ich bin experimentierfreudig und kann mich in neue Situationen hineinversetzen." Ein trauriges Beispiel eines Innovators sehen wir in der Verfilmung der Lebensgeschichte des Mathematik-Genies John Forbes Nash

3.3 Die Archetypen-Liste

unter dem Titel A Beautiful Mind. Nash beginnt während seiner Studienzeit, in der sein großartiges Talent für Mathematik bereits erkennbar ist, eine Schizophrenie zu entwickeln; er beginnt zu glauben, dass er für den amerikanischen Geheimdienst Codes von Sowjetagenten entschlüsselt, und erkennt plötzlich geheime Botschaften in Zeitungsartikeln und Wetterberichten. Eine verfallene Scheune sieht Nash als „Computerzentrum" und er halluziniert Agenten der Regierung, die allerdings nur er sehen kann.

Der Heiler besitzt das „I Want": „Ich will eine bessere Welt schaffen, indem ich Menschen auf den richtigen Weg zurückhelfe. Ich bin im besonderen Maße fähig, Empathie zu empfinden, und ich sehe das Gute im Menschen." Die Erzählung von Jesus von Nazareth im Neuen Testament ist eine typische Heiler-Geschichte. Jesus möchte das „Reich Gottes" auf Erden errichten und Menschen von ihren Sünden befreien. Er besitzt Empathie für Menschen, selbst wenn sie sich nach den Gesetzen des Judentums schuldig gemacht haben, und er umgibt sich mit jenen, die von anderen ausgestoßen wurden. In Unternehmens-Geschichten kann der Heiler ein Geschäftsführer sein, der ein offenes Ohr für die Nöte seiner Mitarbeiter hat und versucht, diese Herausforderungen durch seine Führungsqualitäten zu beseitigen.

Der Narr ist der Archetyp, den ich auf meiner Visitenkarte verwende, als Spielkarte des Jokers dargestellt. Der Narr besitzt das „I Want": „Ich will mich keinem System an Regeln und Rollenbildern verpflichten, weil ich in jedem dieser Systeme verlogene oder falsche Annahmen sehe. Ich besitze zudem den Mut, anderen Menschen einen Spiegel vorzuhalten, um sie auf ihre falschen Einschätzungen über sich und ihre Umwelt aufmerksam zu machen. Ich selbst kann nicht damit geschockt werden, etwas ‚Falsches' getan zu haben, da mir der fehlende Sinn und die nicht vorhandene Ordnung des Kosmos bewusst sind." Die Spielkarte des Jokers erinnert Sie wahrscheinlich an den persönlichen Satan von Batman, den Joker. In Christopher Nolans Batman-Verfilmungen versucht der Joker Batman zu zeigen, dass er als mutmaßlicher Wächter über Gotham City die Stadt nur weiter an den Rand des Abgrundes führt. Seinen größten Erfolg feiert der Joker, als er den Anwalt Harvey Dent, der sich als unbestechlichen Retter von Gotham City sieht, auf einen persönlichen Rachefeldzug schickt, nachdem Dent die Ermordung seiner Lebensgefährtin miterleben muss. In Ihren beruflichen Geschichten kann der Narr Ihr Vertriebsleiter sein, der gegenüber dem Einkäufer eines anderen Unternehmens ungeschönt und direkt aufzeigt, was die aktuellen Herausforderungen in dessen Unternehmen sind und wie das Produkt Ihres Unternehmens die Lösung dieser Probleme ermöglichen wird.

Der Herrscher besitzt das „I Want": „Ich will die Kraft aufbringen, mich von der Masse abzusetzen und aus einer Spitzenposition heraus zu führen. Mir ist

Konkurrenzlosigkeit wichtig sowie Status und Macht, um mich neuen Herausforderungen zu stellen. Ich nehme mir nicht die Position eines Herrschers heraus, sondern ich erkämpfe mir diese Position im direkten Kontakt mit meinen Konkurrenten." In der Welt des Films steht Rocky Balboa im gleichnamigen Film aus dem Jahr 2006 – der zugleich der sechste Teil der Rocky-Serie ist – für den Archetypus des Herrschers. Der ehemalige Weltmeister im Boxen lebt als gealterter Restaurantbesitzer zurückgezogen in Philadelphia. Als der amerikanische Sportsender ESPN einen computersimulierten Kampf zwischen dem jungen Rocky und dem aktuellen Boxweltmeister Mason „The Line" Dixon zeigt, in dem Rocky per K. o. gewinnt, entsteht ein Medienhype um einen möglichen realen Kampf zwischen den beiden Männern. Rocky akzeptiert die Herausforderung, um herauszufinden, ob er in seinem Alter noch die Kraft hat, an seine frühere Spitzenleistung anzuknüpfen. Beim mit Hochspannung erwarteten Kampf beweist Rocky dann auch zur Begeisterung des Publikums, dass er trotz seines Alters und der aggressiven Dynamik von Dixon mit seinem Kontrahenten mithalten kann. Den Kampf verliert Rocky zwar in einer nicht einstimmigen Entscheidung nach Punkten, aber das Ende des Films zeigt ihn, wie er mit hoch erhobenem Kopf in sein altes Leben zurückkehrt.

Der Souverän besitzt das „I Want": „Ich will das Amt, das ich verliehen bekommen habe, dazu nutzen, um Stabilität in den Bereich zu bringen, den ich kontrolliere. Ich sehe mich als Vorbild für meine ‚Untergebenen' und regiere mit Rücksicht auf Tradition und Gutmütigkeit." Im Unterschied zum archetypischen Herrscher muss sich der Souverän seine erhabene Position nicht erstreiten, sondern bekommt sie aufgrund eines Privilegs verliehen. Im Film sehen wir dieses archetypische Rollen- und Verhaltensmuster in der Figur von Frodo Beutlin aus den Herr der Ringe-Verfilmungen von Peter Jackson. Im ersten Teil der Trilogie nimmt Frodo die Verantwortung auf sich, den Ring am Schicksalsberg zu zerstören, um die Macht des dämonenhaften Sauron über die Welt von Mittelerde zu brechen. Frodo wird somit zum Anführer einer Gruppe aus Kriegern und dem Weisen Gandalf, von denen er im Hinblick auf seine körperliche Kraft das schwächste Glied ist.

Der Hedonist besitzt das „I Want": „Ich will mich meinen Leidenschaften hingeben und das Leben genießen. Dabei tauche ich nicht nur in die vielfältigen lustvollen Erlebnisse dieser Erde ein, sondern ich finde auch das Gute und Schöne in jeder Erfahrung, die ich mache." Eine berühmte Film-Hedonistin ist die Figur Holly Golightly (Audrey Hepburn) aus Frühstück bei Tiffany. Golightly ist ein Mitglied der feinen Gesellschaft von New York City der 1960er-Jahre; sie finanziert sich ihren gehobenen Lebensstil durch die Aufmerksamkeit mehrerer wohlhabender Männer. Als Kontrast zu diesen lernt sie ihren neuen Nachbarn

Paul Varjak kennen, der als Autor seit fünf Jahren nichts mehr veröffentlicht hat. Im Verlauf des Films erkennt die Protagonistin, dass sich Genuss nicht nur in der gehobenen Gesellschaftsklasse finden lässt, sondern auch in den glücklichen Momenten einer echten Liebesbeziehung mit Paul.

Der Spieler folgt dem „I Want": „Ich will mich in unbekannten Situationen auf meinen Instinkt verlassen und den Nervenkitzel spüren. Ich bleibe in solchen Situationen vollkommen entspannt und genieße meinen Ruf als Aufrührer." Tony Stark alias Iron Man verkörpert in der gleichnamigen Filmreihe einen Spieler. Stark, der einen Rüstungskonzern leitet, ist ein Milliardär, Frauenheld, Draufgänger und Genie, das sich liebend gerne mit vermeintlich stärkeren Kontrahenten anlegt, z. B. einem amerikanischen Senatsausschuss, einer Gruppe von Terroristen und sogar den Göttern Thor und Loki.

Der Netzwerker besitzt das „I Want": „Ich will unterschiedlichen Menschen dabei helfen zusammenzukommen und mit ihnen für gemeinsame Ziele eintreten. Ich besitze ein gutes Gefühl für die Bedürfnisse anderer Personen, kann Menschen in schwierigen Situationen beruhigen und einfach Freundschaften schließen." Die Figur des Satans ist für Sie vielleicht eine ungewöhnliche Verkörperung des archetypischen Netzwerkers; aber nicht nur in der Bibel wird Satan als geschickter Diplomat dargestellt, der die Bedürfnisse von Menschen auf beeindruckende Weise erspüren und sie von seiner Sichtweise überzeugen kann: Zu den „Überzeugten" gehören z. B. die biblischen Figuren Adam und Eva, Judas und im alttestamentlichen Buch Hiob sogar Gott selbst! In John Miltons weltberühmter Dichtung Paradise Lost überzeugt Satan die gefallenen Engel nach seiner und ihrer Niederlage gegen die göttlichen Kräfte im Himmel, ihm trotz seiner Blamage treu zur Seite zu stehen – und selbst in Hollywoodfilmen wie End of Days aus dem Jahr 1999 baut sich Satan ein Netzwerk an Unterstützern auf, um auf der Erde seine Herrschaft zu etablieren.

3.4 Das archetypisch Dunkle in uns

Die Figur des Teufels bringt uns zu einer Seite der Archetypen, die wir in der obigen Liste inhaltlich bereits angeschnitten haben: Jeder Archetyp trägt eine dunkle Seite in sich – also Verhaltensweisen, die wir ablehnen. Mit dunklen Archetypen erzählen Sie Tragödien, in denen Ihr Protagonist in der Hölle von Akt 2 nicht genug Kraft sammelt, um Satan zu überwinden und in das Paradies aufsteigen zu können. Der Protagonist bleibt in seiner Hölle auf Dauer gefangen und die Geschichte kommt so zu einem frühen Ende. Tragödien sollten Sie z. B. erzählen, wenn Ihre Kunden oder Mitarbeiter verschiedene Wege der Weiterentwicklung vergleichen wollen. Füllen Sie dazu die Spitzen des Storytelling-Dreiecks mit Inhalt und schicken Sie Ihren Protagonisten in Akt 2; nun aber erzählen Sie einmal vom dunklen Archetyp, der durch seine negativen Eigenschaften in Akt 2 scheitert – und anschließend vom hellen Archetyp, der durch seine positiven Eigenschaften im zweiten Akt erfolgreich ist. Sie schaffen durch diese Methode – die wir im Theater „Traum/Albtraum" nennen – einen leicht verständlichen Kontrast für Ihr Publikum. Wie dunkle Archetypen genau aussehen, erfahren wir jetzt:

Der dunkle Beschützer missbraucht oder vernachlässigt seine Familie, wenn diese in Akt 2 seinen Schutz benötigt. In einer weiteren Form des dunklen Beschützers steigert sich der Archetyp in seine verantwortungsvolle Rolle hinein und wird zur alles kontrollierenden Vaterfigur. Im Film sehen wir ein Beispiel für den dunklen Beschützer in der Figur des Michael Corleone in *Der Pate – Teil II*. Michael hat seiner Frau Kay im ersten Teil des Films versprochen, dass er die Geschäfte der Corleone-Familie ohne Ausnahme legal betreiben wolle. Im zweiten Teil der Trilogie bricht der Pate dieses Versprechen und Kay setzt ihrer dritten Schwangerschaft ein Ende, um ihrem Ehemann kein weiteres Kind zu gebären. Der dunkle Beschützer Michael verbannt seine Frau daraufhin aus seiner Nähe und verbietet ihr, die beiden gemeinsamen Kinder zu sehen. Nachdem seine Mutter gestorben ist, sieht Michael auch keinen Grund mehr, seinen Bruder Fredo, mit dem er sich bereits in Teil I zerstritten hatte, weiter am Leben zu lassen. Der neue Pate befiehlt daraufhin dessen Ermordung. Der Film endet mit einem vereinsamten Michael, der sich Fotos aus alten Tagen ansieht, in denen er noch versucht hat, sich vom kriminellen Geschäft seiner Familie fernzuhalten.

Der dunkle Diener verliert durch seinen Dienst an anderen Menschen den Blick dafür, dass er seine Eigenständigkeit einbüßt. Geschockt erkennt er dann, dass er sich zu sehr für andere aufgeopfert hat. Alternativ dient der Diener allein deswegen, weil er von der Anerkennung lebt, die sein Umfeld ihm für seine Aufopferung zukommen lässt. Im Film *Training Day* sehen wir den dunklen Diener im Protagonisten Jake Hoyt (Ethan Hawke), der als Polizist in LA dem Dienst-Veteranen der Drogenpolizei Alonzo Harris (Denzel Washington) als Partner zugeteilt wird. Harris entwickelt sich von Beginn an zu einem Mentor für Hoyt; allerdings ist es Harris, der alle wichtigen – und teilweise illegalen – Entscheidungen trifft und Hoyt somit keine Möglichkeit gibt, als Polizist zu wachsen. Als Hoyt sich weigert, beim Mord an einem Drogendealer mitzuwirken, merkt er, wie weit er in seiner Unterwürfigkeit gegenüber Harris bereits gegangen ist. Hoyt findet heraus, dass die illegalen Handlungen von Harris allein dazu gedient haben, Hoyt Verbrechen anzudichten, sollte er sich gegen Harris stellen. Harris wiederum braucht das Geld, das er bei den Aktionen erbeutet, um seine Schulden bei der russischen Mafia zu begleichen. Am Ende des Films vereitelt Hoyt die

Geldübergabe und Harris wird von den Russen ermordet. Im alternativen Ende des Films kehrt Hoyt nach Hause zurück und wird vor seiner Tür von drei Männern erwartet, die ihm dazu gratulieren, dass er Harris am heutigen Tag so weit manipuliert hat, dass ihn die drei Männer nun endlich los seien.

Der dunkle Rebell steht für die Figur des „professionellen Opfers". Die Ungerechtigkeit, die der dunkle Rebell in einem System erkennt und gegen die er rebelliert, ist in Wirklichkeit ein von ihm vorgeschobener Vorwand. Mit diesem beabsichtigt dieser Archetyp, in einer Streitfrage von seiner eigenen Schuld abzulenken. In Ihrem beruflichen Storytelling kann der dunkle Rebell als Mitarbeiter einer Abteilung vorkommen, der mit der Evaluation durch seinen Vorgesetzten nicht einverstanden ist. Anstatt auf die Einschätzung seines Abteilungsleiters vernünftig zu reagieren, sieht sich der dunkle Rebell in jedem Kritikpunkt ungerecht behandelt und benutzt andere Mitarbeiter im Unternehmen dazu, diese angebliche Ungerechtigkeit weiter bekannt zu machen. Im Film *Rocky Balboa* sehen Sie den dunklen Rebellen in der Figur von Robert Balboa, dem Sohn von Rocky. Robert sieht eine Ungerechtigkeit darin, der Sohn einer Boxlegende zu sein. Alle unerfüllten Sehnsüchte und Stolpersteine auf dem Weg zu seinen Zielen macht der junge Balboa an diesem Umstand fest und gegen Ende des Films macht er seinen Vater für sein bisher gescheitertes Leben verantwortlich.

Der dunkle Maverick erkämpft sich seine Unabhängigkeit auf Kosten anderer Menschen. In einem Unternehmen kann ein Projektleiter die archetypische Rolle des dunklen Maverick einnehmen, wenn er seinen Kollegen ständig Mitarbeiter für seine eigenen Projekte streitig macht. Der dunkle Maverick stellt mit dieser Strategie zwar sicher, dass seine eigenen Projekte zeitig abgeschlossen werden können, da er die benötigten Experten zur Verfügung hat; allerdings gefährdet der dunkle Maverick mit seinem Verhalten, sich an keine Absprachen zu halten, die Projekte seiner Kollegen. Im Endeffekt leidet die wirtschaftliche Leistung des gesamten Unternehmens unter dem dunklen Maverick. Im Film *Erin Brockovich* deckt die gleichnamige Anwaltsgehilfin (Julia Roberts) den Umweltskandal eines Energiekonzerns auf, der die archetypische Rolle des dunklen Mavericks verkörpert. Das Unternehmen ließ aus Geldgier über mehrere Jahre giftige Chemikalien in das Grundwasser einer Ortschaft in Kalifornien laufen, das schwere Gesundheitsschäden bei den Einwohnern verursachte.

Der dunkle Abenteurer entwickelt sich in Ihrem Unternehmen, wenn seine Arbeitsbelastung zu groß wird und er sich permanent in stressbelasteten Situationen wiederfindet. Dem dunklen Abenteurer geht in dieser Situation der emotionale Kick für besondere Herausforderungen verloren und Sie als Unternehmen verlieren damit einen wichtigen Motivator in Veränderungsprozessen. Im namenlosen Protagonisten des Films *Fight Club* (Edward Norton) sehen Sie ebenfalls einen dunklen Abenteurer am Werk. Der Held ist nicht länger fähig, sein belangloses Leben als Rückrufkoordinator für einen Automobilkonzern zu führen; sein Leben bekommt erst wieder einen Sinn, als er den Seifenverkäufer Tyler Durden trifft, der das genaue charakterliche Gegenstück zu unserem Protagonisten darstellt. Am Ende des Films stellen wir fest, dass Durden und der Protagonist ein und dieselbe Figur sind und Durden die helle Archetypenseite des Abenteurers darstellt.

Den dunklen Innovator haben wir im obigen Unterkapitel bereits in Gestalt von John Forbes Nash gesehen, der im Film *A Beautiful Mind* aufgrund seiner Schizophrenie Verbindungen zwischen Situationen wahrnahm, die allein in seinem Kopf existierten. In Ihren Geschichten können Sie darüber hinaus von der folgenden Ausprägung des dunklen Innovators erzählen: In dieser Fassung ist der dunkle Innovator z. B. ein junges Unternehmen, das mit Pressemitteilungen, Ankündigungen auf seiner Webseite und Erfolg versprechenden Prototypen für Innovationen wirbt. Die Organisation besitzt allerdings nie die Arbeitsmoral, um ihre kreativen Ideen in die Realität umzusetzen. Auch das Märchen *Hans Guck-in-die-Luft* von Heinrich Hoffmann zeigt den Protagonisten Hans als dunklen Innovator. Hans schwebt in seinen kreativen Gedanken und hält dabei Ausschau nach der Schwalbe – daher schaut er beständig in die Luft –, vergisst dabei jedoch die Realität um sich herum, was ihm nahezu den Tod bringt.

Der dunkle Heiler ist in Ihrem Berufsleben eine Person, die dem Messias-Komplex verfallen ist. Das bedeutet, dass dieser Mensch davon überzeugt ist, nur durch ihn könne ein Unternehmen, eine Abteilung oder ein Projekt aus seiner Talfahrt gerettet werden. Im Film sehen Sie einen dunklen Heiler in der American-Football-Geschichte *An jedem verdammten Sonntag* von Regisseur Oliver Stone aus dem Jahr 1999. Jamie Foxx spielt hier den Quarterback (also den passgebenden Offensivspieler im American Football) „Steamin" Willie Beamen, der der Arroganz verfällt, dass nur er seine schwächelnde Mannschaft in die Endspielrunden der diesjährigen Saison führen kann.

Den dunklen Narren sehen Sie im oben angesprochenen Beispiel des Jokers, der in den Batman-Geschichten der persönliche Satan des Superhelden ist. Der dunkle Narr nutzt seine schonungslose Ehrlichkeit dazu, andere zu verletzen. Der Narr ist damit weniger an Authentizität und ungeschönter Klarheit interessiert als an Chaos. Den dunklen Narren treibt sein Hang nach Unordnung so sehr in den Wahn, dass er selbst nicht mehr weiß, wer er eigentlich ist und was ihn ausmacht. In der Batman-Verfilmung von Christopher Nolan *The Dark Knight* sehen wir den gebrochenen Charakter des Jokers deutlich. In einer Szene behauptet der dunkle Narr, dass ihm seine Gesichtsnarben durch seinen gewalttätigen Alkoholiker-Vater zugefügt wurden. Später im Film gibt er allerdings an, er habe sich die Narben selbst mit einer Rasierklinge zugefügt, die er sich in seinen Mund gesteckt habe. In Ihrem Unternehmen begegnen Ihnen archetypische dunkle Narren z. B. in Form von Mitarbeitern, die einer Veränderung im Unternehmen nach außen hin zugestimmt haben, hinterrücks aber alles daransetzen, das neue Vorhaben scheitern zu lassen. Dabei können diese Mitarbeiter mehrere manipulative Geschichten für verschiedene Personengruppen innerhalb der Organisation parat haben. Diese Personen sind weder daran interessiert, den von ihnen bevorzugten Status quo offen zu verteidigen, noch sprechen sie sich frei gegen Neuerungen aus. Sie schaffen absichtlich Unordnung mit dem Ziel, dass es dem Unternehmen angesichts dieser energieraubenden Prozedur nicht gelingt, sich in die neue Richtung zu verändern.

Der dunkle Herrscher kann ein Tyrann sein. In Unternehmen begegnet er Ihnen als Geschäftsführer oder Abteilungsleiter, der Kritik schlecht verträgt, der eine ausgewählte Gruppe von Günstlingen bei allen Entscheidungen bevorzugt und dem das Wohl der übrigen Menschen in seiner Organisation verhältnismäßig egal ist. In einer anderen Gestalt ist der dunkle Herrscher ein privilegiertes Team oder eine hochbegünstigte Abteilung, die innerhalb ihres Verantwortungsbereiches nahezu Autonomie gegenüber dem Gesamtunternehmen besitzt. Diese Spitzenposition wird vom dunklen Herrscher mit Druck und Drohungen verteidigt, statt weiter Spitzenleistungen zu liefern. Ein bekanntes Beispiel für einen dunklen Herrscher ist Frank Underwood (Kevin Spacey) aus der TV-Serie *House of Cards*. Seinen Aufstieg zum Präsidenten der Vereinigten Staaten und die Verteidigung dieses Amtes seinen politischen Gegnern gegenüber sichert er sich mit jedem unmoralischen Mittel, das ihm zur Verfügung steht.

Den dunklen Souverän sehen wir im gerissenen Aktienhändler Gordon Gekko (Michael Douglas) in Oliver Stones Film *Wall Street* aus dem Jahr 1987 in der berühmten „Gier ist gut"-Szene. Auf der Jahreshauptversammlung des Unternehmens Teldar Paper, an dem Gekko die Mehrheit der Aktienanteile hält, ergreift er das Wort und entblößt das Top-Management als dunklen Souverän, das seine Macht im Unternehmen dazu ausgenutzt hat, faul zu werden. Gegenseitig schieben sich die Verantwortlichen nun gute Positionen in der Firma zu, die keinen wirklichen Mehrwert schaffen, aber dafür das Konto der Betroffenen massiv füllen. Wenn Sie ähnliche Strukturen in Ihrem Unternehmen finden, begegnen auch Sie einem dunklen Souverän.

Der dunkle Hedonist erreicht mit seiner Leidenschaft für stets größeren Genuss genau das Gegenteil, nämlich die Zerstörung seiner Existenzgrundlage. In der Unternehmenswelt stellt die Geländewagenmarke Hummer von General Motors einen dunklen Hedonisten dar. Der Geländewagen wurde u. a. als Fortbewegungsmittel für „echte Männer" angepriesen, die sich der wilden Natur mit einem passenden Vehikel stellen wollen. Der Genuss der Abenteuerlust stand bei dieser Marke demnach im Vordergrund. Im Jahr 2010 versuchte sich der Mutterkonzern allerdings von der Marke zu trennen, da es für ihn unmöglich war, den benzinfressenden Hummer in Zeiten des Klimaschutzes noch an den Mann zu bringen. General Motors hatte ein chinesisches Unternehmen als Käufer im Auge, aber der Deal scheiterte an einem Verbot der chinesischen Regierung. Sie stoppte den Verkauf aufgrund der schlechten Umweltbilanz des Geländewagens. Somit stand General Motors vor der kuriosen Situation, dass das Unternehmen seine Marke nicht einmal in ein Land verkaufen konnte, in dem damals 16 der 20 am meisten verschmutzten Städte der Erde lagen (Lim 2007).

Im Film *The Beach* aus dem Jahr 2000 sehen wir den dunklen Hedonisten als Protagonisten Richard Fischer (Leonardo DiCaprio). Als amerikanischer Student sucht Fischer ein Abenteuer in Thailand, als er von einer unbekannten und wunderschönen Insel hört, auf der darüber hinaus auch noch riesige Mengen an Cannabis wachsen sollen. Auf der Insel wird ihm und seinen Gefährten allerdings klar, dass sie sich in Lebensgefahr begeben haben.

Der dunkle Spieler steht unter dem Zwang, sich risikoreichen Situationen auszusetzen. In der James-Bond-Verfilmung *Casino Royale* aus dem Jahr 2006 wird dieses archetypische Rollen- und Verhaltensmuster von Le Chiffre (Mads Mikkelsen) verkörpert. Le Chiffre finanziert Terrorgruppen rund um den Erdball und erhält im Film eine Millionensumme von der ugandischen Lord's Resistance Army anvertraut. Der persönliche Satan von James Bond setzt diese Summe in einem illegalen Kapitalgeschäft ein, das allerdings durch Bond vereitelt wird. Le Chiffre verliert dadurch den gesamten Betrag und ist gezwungen, in einem hochkarätigen Pokerspiel das Geld zurückzugewinnen, um sein Leben zu retten. Auch Coca-Cola fand sich im Jahr 1985 in einem ähnlichen Rollen- und Verhaltensmuster wieder (Frohlich 2014). Auf Druck ihres Konkurrenten Pepsi und angesichts deutlich gesunkener Verkaufszahlen sah sich Coca-Cola gezwungen, die erste Veränderung seiner Getränkerezeptur seit 99 Jahren vorzunehmen. Das Ergebnis war die New Coke und die Entscheidung des Unternehmens, nicht länger das frühere Coca-Cola-Getränk zu verkaufen. Nach zahlreichen Protesten der Kunden brachte das Unternehmen jedoch seine ursprüngliche Rezeptur nach nur 70 Tagen wieder zurück in die Läden und der Verkauf der New Coke wurde zeitgleich eingestellt. Das Unternehmen verlor mit dieser Pleite über 30 Mio. US$ an Entwicklungs- und Marketingausgaben.

Der dunkle Netzwerker begegnet uns im Martin-Scorsese-Film *The Departed* in Gestalt des Protagonisten Colin Sullivan (Matt Damon). Sullivan lernen wir in der Geschichte als Mitglied der Polizeikräfte im US-Bundesstaat Massachusetts kennen, das sich durch seine guten Kontakte innerhalb des Systems zu einer Spezialeinheit hocharbeitet. Zugleich ist Sullivan seit seiner Jugend ein Mitglied der irischen Mafia in Massachusetts, geführt von Frank Costello. In der Unternehmenswelt sehen Sie einen dunklen Netzwerker hingegen in Form von Bernard Madoff, der sich im Dezember 2008 den Behörden stellte, um seinen 50 Mrd. US$-Anlagebetrug zu gestehen. Madoff schaffte es, berühmte Persönlichkeiten wie den Regisseur Steven Spielberg und den Schauspieler Kevin Bacon von seinem Schwindel zu überzeugen (CNN 2017).

3.5 Ein Archetypen-Muster für eine Business-Geschichte

Stellen Sie sich vor, Sie tragen Verantwortung für die Projektarbeit in Ihrem Unternehmen; nehmen wir weiter an, Sie sind der Geschäftsführer der Organisation. Ihre aktuelle Herausforderung besteht darin, standardisierte Prozesse zu schaffen, nach denen Projekte in Ihrer Firma abgewickelt werden. Solche Prozesse sind Ihren Mitarbeitern bisher nicht bekannt; auch die verantwortlichen Projektleiter kennen demnach keine festen Vorschriften. Diese möchten ein solches System auch nicht kennenlernen, denn sie drücken ihre Persönlichkeit durch den Archetypen Maverick aus. Das bedeutet: Sie planen, organisieren und gehen mit Herausforderungen gemäß ihren eigenen Schlussfolgerungen um und jedes Projekt besitzt somit seine ganz eigenen Abläufe, die nicht auf ein neues Projekt übertragbar sind. In der Regel sind die Projektleiter erfolgreich mit dieser Methode; sie liefern ihre Projekte also zum vereinbarten Zeitpunkt ab, diese umfassen die vereinbarten Funktionen und sie liegen finanziell im vereinbarten Budget. Allerdings schlägt ein Teil der Projekte auch fehl und dieser Teil ist ein Problem für Ihr Unternehmen.

Nehmen wir an, die Projektleiter stellen als interne IT-Abteilung Software für Fach-Abteilungen in Ihrem Unternehmen her und verbessern diese in regelmäßigen Abständen. Ihre Abteilungen wiederum nutzen die Software für ihre eigenen Projekte für externe Kunden. Durch die eigenwillige Arbeitsweise der Mavericks erhalten Ihre Fach-Abteilungen keine Rückmeldung über den Projektstart, der ihre Software betrifft. Sie wissen daher nicht, wie lange sie noch mit einer veralteten oder nicht länger gut funktionierenden Software arbeiten müssen. Überraschend melden sich die Projektleiter dann doch bei den Abteilungen, um weitere Informationen zu den gewünschten Spezifikationen einzuholen. Danach verschwinden die Projektleiter aber wieder, ohne die Teams über den Fortschritt auf dem Laufenden zu halten. Unangekündigt überlassen sie den Abteilungen dann Testversionen der Software, wobei diese aber nicht wissen, wie sie Feedback an das Projektteam senden sollen. Ein wichtiges Anliegen ist den Abteilungen der reibungslose Release der neuen Versionen; die Projektleiter scheinen sich dem aber nicht bewusst zu sein. Die Folge: „Fertige" Versionen umfassen nicht den gewünschten Inhalt und sind auch nicht verträglich mit den Vorgängerversionen. Daten bleiben in der alten Software hängen, müssen per Hand in das neue System übertragen werden oder gehen ganz verloren. Projekte, die die Abteilungen für externe Kunden zu erledigen haben, stocken, werden nicht rechtzeitig fertig oder werden von erbosten externen Auftraggebern abgebrochen. Sie als Geschäftsführer dürfen mit Verlusten und Strafzahlungen an die externen Käufer rechnen.

Für Sie steht also fest: Ein standardisiertes Verfahren in Projekten muss geschaffen werden, um erboste Kunden beschwichtigen zu können. Ihr Problem: Die Mavericks sehen Ihren Versuch einer Standardisierung als unerträgliches Joch und sie wollen ihre Freiheit in der Projektarbeit mit Inbrunst verteidigen. In dieser Situation können Sie als Geschäftsführer Ihre Autorität ausspielen und die Projektleiter schlicht dazu „verdonnern", sich in ihrer Arbeit einem Standard zu unterwerfen. Die minimale Motivation der Maverick-Projektleiter, einen verpflichtenden Standard in der Projektarbeit Ihres Unternehmens umzusetzen, würde durch Ihr autoritäres Durchgreifen vollends schwinden. Wenn Ihre Projektleiter nach dieser Ansage noch weiter im Unternehmen bleiben, arbeiten sie dem ersten Anschein nach auch an der Standardisierung mit. Sie müssen in diesem Fall allerdings davon ausgehen, dass die Projektleiter insgeheim versuchen, das Projekt zu sabotieren. Ihrem Unternehmen wäre durch diese Lösung also nicht geholfen.

Natürlich können Sie daher alternativ versuchen, ein Gespräch zu führen, das die Interessen der Projektleiter berücksichtigt. Sie können bei diesem Gespräch auch eine emotionale Geschichte erzählen, um sie von Ihrer Sichtweise zu überzeugen. Eine emotionale Geschichte an sich wird die Projektleiter mit dem archetypischen Handlungsmuster des Mavericks allerdings nicht automatisch dazu bringen, sich Ihrer Sichtweise anzuschließen und den Standardisierungsprozess zu akzeptieren. Bedenken Sie, dass Sie in diesem Fall eine Geschichte während einer Situation erzählen möchten, die bereits emotional aufgeladen ist. Ihre Projektleiter werden sich in diesem Beispiel bereits gegen Sie in Stellung gebracht haben, da sie ahnen, zu welchem Zweck Sie nun mit ihnen zusammensitzen. Die Geschichte, die Sie hier erzählen wollen, muss erst mal die Barriere überwinden, die die Projektleiter Ihnen gegenüber aufgebaut haben.

Ihnen wird dieses nicht gelingen, wenn Sie z. B. ein falsch eingeschätztes archetypisches Muster für Ihre Story nutzen. Vielleicht identifizieren Sie die Maverick-Projektleiter ja fälschlicherweise als archetypische Diener. In diesem Fall erklären Sie sich deren eigenwilliges Verhalten durch den Anspruch, in jedem Projekt die individuellen Wünsche der Abteilungen zu berücksichtigen. Ein Standard in den Projektprozessen würde den vermeintlich „dienenden" Projektleitern die Möglichkeit nehmen, sich auf die spezifischen Anforderungen der Abteilungen einzustellen. Die Inhalte, mit denen Sie dann das Storytelling-Dreieck füllen würden, gingen gänzlich an der Motivation der Maverick-Projektleiter vorbei; diese interessieren sich als freiheitsliebende Mavericks nämlich nicht für die individuellen Ansprüche der auftraggebenden Abteilungen, so hochspezifisch diese auch sein mögen. Die Mavericks sind hingegen immer noch in „Alarmbereitschaft" darüber, dass Sie als Geschäftsführer ihnen die Freiheiten im Projektgeschäft nehmen. Ihre Story für „dienende" Projektleiter würde in diesem Fall gänzlich verpuffen.

Eine Geschichte mit einer Identifikationsfigur für einen Maverick kann den Projektleitern allerdings ihre Alarmbereitschaft nehmen. In einer solchen Geschichte begegnen Sie den Mavericks nicht mit Schuldzuweisungen oder dem „verkürzten Drama" eines Archetypus, das die Projektleiter nicht interessiert. Stattdessen erzählen Sie beim richtig getroffenen Archetypen eine Geschichte, in der die Ungerechtigkeit das dunkle Archetypenmuster darstellt. In der Story begegnen die Mavericks ihrem dunklen Ich, das seine Freiheiten darin findet, anderen Menschen zu schaden. In unserem Beispiel sind diese anderen Menschen die Abteilungen, für die die Projektleiter Software zur Verfügung stellen. Da diese ungerechtfertigte Freiheit der Motivation widerspricht, die die Projektleiter als helle Mavericks besitzen, schaffen Sie von Akt 1 ihrer Geschichte an eine emotionale Stimmung, die sie interessiert. Das Dilemma am Ende von Akt 1 besteht für die Mavericks dann darin, ob sie über ihre dunkle Seite mehr Freiheiten gewinnen wollen, die anderen schaden, oder ob sie sich mit Ihnen gemeinsam auf den richtigen Weg machen wollen und dabei auch die Interessen Ihres Umfeldes fördern.

3.6 Wie Sie Ihre Geschichte formulieren können

Alles gründet sich in Akt 1

Eine wichtige Aufgabe für Sie als Geschichtenerzähler ist es, Ihre Stories in Worte zu kleiden, die auf Ihr Publikum attraktiv wirken. In diesem Unterkapitel möchte ich mit Ihnen daher einen genauen Blick auf diese Kunst werfen. Im folgenden Beispiel nehmen wir an, dass ein externer Berater einem Geschäftsführer eine Business-Geschichte erzählt und dabei auf seine Erfahrung mit einem vergleichbaren Firmenchef zurückgreift.

„Wissen Sie, ich habe Ihren Fall auch schon in einem anderen Unternehmen erlebt. Da ging es auch ganz plötzlich; zwei Top Key Accounts dachten sich ganz unabhängig voneinander in derselben Woche: Wir steigen aus und suchen uns einen neuen Partner **(Die Ungerechtigkeit)**! Das war ein Schock für den Geschäftsführer des Unternehmens, der diese Verluste hinnehmen musste; denn er war ein Mensch, der darauf achtete, dass seine Key Accounts einwandfrei gepflegt wurden. Darauf legte er tatsächlich viel Wert, und aus meiner Zeit im Unternehmen kann ich bestätigen: Er hat vorbildlich mit seinen Account-Managern Kontakt gehalten und ist sofort zur Stelle gewesen, wenn die Kunden seine Hilfe brauchten. Die Interessen seiner Key Accounts zu schützen, war ihm genauso wichtig, wie sein eigenes Unternehmen vor Schaden zu schützen **(Die Routine eines Beschützers)**.

Der Ausstieg der beiden Top Key Accounts traf den Geschäftsführer dann wie zwei Hiobsbotschaften kurz nacheinander. Ich erinnere mich noch gut an den Ausdruck in seinem Gesicht, als er den zweiten Anruf entgegennahm: Der Schrecken stand ihm ins Gesicht geschrieben. **(Der Herold)**,Wie kann ich mein Tagesgeschäft in der aktuellen Kapazität weiterführen?', war sein wichtigster Gedanke. Immerhin führte er ein Familienunternehmen und ein Herunterfahren der betrieblichen Kapazitäten war für den Geschäftsführer nicht nur eine wirtschaftliche Frage, sondern auch eine Herausforderung auf persönlicher Ebene. Bei ihm war nicht nur seine Familie beschäftigt, sondern etliche Menschen, denen er über Jahrzehnte hinweg bereits eine sichere Beschäftigung hatte bieten können. Da wurde ihm klar, dass seine eingespielte Routine dabei war, zu kollabieren **(Der Einsturz der ‚Erde' aus Akt 1)**.

Beim Verlust dieser Top Key Accounts konnte er nicht einfach zu seinen besten Vertriebsleuten gehen und sagen: ‚Hört mal! Könnt ihr aus euren Opportunitäten nicht noch mehr herausholen?' Das hätte der Vertriebsmensch vielleicht gekonnt, aber das hätte die Bilanz des Geschäftsführers auch nicht wieder geradegerückt, nachdem er diese Menge an Umsatz verloren hatte. Also sah sich der Geschäftsführer einer gänzlichen neuen und unumgänglichen Situation ausgesetzt. **(Die Schwelle zu seiner persönlichen Hölle)** Und an diesem Punkt musste er sich eine Dilemmafrage stellen: Mache ich weiter wie bisher und kann meine Mitarbeiter und meine Kunden nicht mehr wie früher absichern? Oder probiere ich etwas Neues mit dem Risiko, einen Teil meiner Stakeholder enttäuschen zu müssen? **(Das Dilemma)** Da entschied sich der Geschäftsführer für das Neue und suchte inmitten von unbekannten Gefahren nach einem Weg, weiter ein Beschützer für sein Familienunternehmen zu sein **(Einstieg in die Hölle)**".

Die Geschichte besitzt von Beginn an eine passende Identifikationsfigur für den Geschäftsführer. Beachten Sie die emotionale Struktur dieser Erzählung, die ähnlich beginnt wie Stephen Kings *Es*. Wie wir im Vorwort des Buches gelesen haben, fängt diese Horrorgeschichte mit dem Eindruck an, dass ein echter Mensch mit uns spricht. Diesen Effekt sehen Sie auch hier in Akt 1, da der Erzähler – also Sie – als Nebenfigur auftritt und von seinen Erfahrungen berichtet. Beachten Sie auch den einfachen, aber emotionalen Satzbau, wie: „Da ging es auch ganz plötzlich." Sätze wie dieser eignen sich hervorragend, um die Aufmerksamkeit Ihres Publikums (zurück) zu holen, wenn Sie merken, dass sie Ihnen abhandenkommt. Märchenerzähler nutzen diese Ausdrucksweise regelmäßig in ihren Geschichten und als Schauspieler ist meine größte Inspiration für diese Erzähltechnik die Märchensammlung der Gebrüder Grimm. Tauchen Sie am besten einmal in diese kurzen, aber emotional hochwertigen Geschichten ein, um einen Nutzen für das Erzählen Ihrer „Erwachsenengeschichten" zu gewinnen.

Wenn Sie Akt 1 gemeistert haben, sind Akt 2 und Akt 3 ein Kinderspiel.

3.7 Wenn Ihr Held in einem Loch versinkt – versteckte Fallgruben des Storytellings

Im Unterabschn. 3.4 haben Sie gesehen, dass Ihre Geschichte wirkungslos verpuffen kann, wenn Sie den Protagonisten nicht mit einem passenden archetypischen Muster ausstatten, mit dem sich Ihr Publikum identifizieren kann. Dies ist allerdings nicht die einzige Hürde, die Sie nehmen sollten. Das Publikum kann sich z. B. auch dann nicht mit Ihrer Geschichte identifizieren, wenn es den Protagonisten gänzlich unsympathisch findet. In der Welt des Films stoßen wir auf ein Beispiel aus dem Lehrbuch, wie Sie Ihren Protagonisten nicht (!) ausstatten sollten. Ich habe hier die Figur von Anakin Skywalker im Sinn, die uns in den Filmen *Star Wars: Episode I–III* begegnet. George Lucas, der – wie erwähnt – für seine Drehbücher die Heldenreise von Joseph Campbell anwendet, erzählte in diesen drei Filmen die Vorgeschichte der Story, die er im Jahr 1997 mit den ersten drei Filmen im *Star Wars*-Universum begonnen hatte.

Selbst wenn Sie kein Fan der Serie sind, ist Ihnen bestimmt der Charakter Darth Vader ein Begriff. In den ursprünglichen drei Filmen steht Vader für den persönlichen Satan des Protagonisten Luke Skywalker; in diesen Filmen finden wir außerdem heraus, dass Darth Vader ursprünglich Anakin Skywalker hieß und der Vater von Luke ist. Vater und Sohn bekämpfen sich in dieser Weltraumsaga um die Vorherrschaft in der Galaxis. Die Figur genoss nicht nur unter Fans unmittelbaren Kultstatus, noch im Jahr 2015 wählten die Kritiker des respektablen Entertainment-Magazins *Empire* Darth Vader auf Rang 2 der 100 besten Filmfiguren (Empire 2015). Seine Vorgeschichte, die in den ersten drei Filmen nicht im Detail zur Sprache kam, faszinierte darüber hinaus die *Star Wars*-Gemeinde. George Lucas erzählte daraufhin in insgesamt drei neuen Filmen die Geschichte von der Kindheit Anakin Skywalkers bis hin zu seiner Entwicklung zu Darth Vader.

Die Erwartungshaltung der Millionen Fans war im Vorfeld riesig, denn es existierte keine Buchvorlage zu den neuen Filmen und George Lucas kündigte bereits ganze fünf Jahre vor der Veröffentlichung des ersten neuen Films an, das Drehbuch für Episode I zu schreiben. Unmittelbar vor der Veröffentlichung in den USA versuchten Fans vergeblich, die Tickets für ganze Kinosäle aufzukaufen, in denen der erste neue *Star Wars*-Film gezeigt werden sollte. Einige Fans harrten sogar einen ganzen Monat vor der Veröffentlichung des Films am 19. März 1999 vor Kinos in den USA aus, um garantiert eine der heiß begehrten Eintrittskarten zu erhalten (Geer 2009).

Auch wenn Fans befürchteten, dass der Film die hochgesteckten Erwartungen nicht erfüllen könnte, bestand große Hoffnung für die Filmreihe: Bereits in der ersten *Star Wars*-Filmreihe baute Lucas Anakin Skywalker als den Archetypus „Heiler" auf. Das Publikum gewann bereits in den ursprünglichen Filmen den Eindruck, dass es sich bei Anakin um eine jesusgleiche Figur handelte. Es wurde impliziert, dass auf ihm die Hoffnung ruhte, das Universum von der dunklen Seite der Macht zu befreien – bevor Anakin diese Hoffnung enttäuschte und sich selbst dem Bösen zuwandte. George Lucas, der sich intensiv mit der Heldenreise und den Archetypen nach Campbell beschäftigte, weckte die Erwartung, dass er mit seinen drei neuen Filmen die perfekte Geschichte eines Heilers erzählen konnte. Es kam allerdings anders. Episode I – wie auch die beiden nachfolgenden Teile – wurden von der Fangemeinde inhaltlich zerrissen. Das angesehene US-Magazin *New Yorker* schrieb über den finalen Teil der neuen Serie, dass er nur insofern besser sei als seine beiden Vorgänger, als das Sterben eines natürlichen Todes einer Kreuzigung vorzuziehen sei (Lane 2005).

Das große Problem der in drei Teilen erzählten Geschichte ist ausgerechnet Anakin Skywalker – vor allem, wenn er ab Episode II als junger Mann gezeigt wird. Die Jesusfigur zeigt sich wenig göttlich erhaben, sondern bockig und weinerlich. So beobachten wir in Episode II beispielsweise, wie der später erbarmungslose Darth Vader als Anakin Skywalker gegenüber seiner Liebespartnerin Padmé über die unangenehmen Eigenschaften von Sand jammert (Ebert 2002). Anstatt ein Heiler für die Menschen der Geschichte zu sein, wirkt Anakin auf uns Zuschauer egozentrisch und selbstverliebt. Im Theaterschauspiel reden wir in diesem Fall von einem „Charakterbruch", der die Erwartungshaltung der Zuschauer an einen Protagonisten enttäuscht. Als Folge verbaut sich der Geschichtenerzähler – in diesem Fall George Lucas – die Möglichkeit, dass sich die Zuschauer mit seinem Protagonisten identifizieren können und wollen. Sie sehen an dieser Fallgrube erneut die Notwendigkeit, im Storytelling logisch zu sein und den Lesern Ihrer Geschichte die Inhalte zu geben, die Sie mit jedem neuen Satz andeuten. George Lucas erdachte in seinen ersten drei *Star Wars*-Filmen mit Darth Vader einen Kultcharakter, den Fans der Serie in der neuen Trilogie nicht wiedererkannten und so auch nicht sehen wollten.

Eine weitere Fallgrube im Storytelling, vor der Sie sich in Acht nehmen sollten, ist der Verlust des roten Fadens Ihrer Geschichte. Wir haben oben bereits überzeugende Argumente dafür gelesen, dass unser Gehirn grundlegende Muster von Archetypen einordnen und wiedererkennen kann. Nehmen wir das Argument von Joseph Campbell hinzu, ist es für uns mental außerdem einfach, die grundlegenden Muster der 3-Akt-Struktur in Geschichten zu erkennen und zu verarbeiten. Wir sind als Publikum verwirrt, wenn wir bei einer Geschichte diese Muster nicht klar erkennen können.

Ein Beispiel im Film finden Sie in *Only God Forgives* aus dem Jahr 2013. Ryan Gosling spielt den Amerikaner Julian, der in Bangkok lebt. Ich bin geneigt, Goslings Figur als Protagonisten der Geschichte zu bezeichnen – aber bereits hier fangen die Probleme an. Als Zuschauer dieses Films tun wir uns sehr schwer damit herauszufinden, wer die Hauptfigur dieser Story eigentlich ist. Ist es tatsächlich Julian oder doch sein psychisch kranker Bruder, der sich an einer thailändischen Prostituierten vergeht und diese dann tötet? Vielleicht ist der Protagonist aber auch der Vater des Mädchens, der aus Rache den Peiniger seiner Tochter ermordet. Vielleicht aber ist der Detektiv die Hauptfigur, der den Vater für den Mord und die Zwangsprostitution seiner Tochter nicht ins Gefängnis bringt, sondern ihn stattdessen foltert. „Nebenbei" singt der Detektiv leidenschaftlich gerne Karaoke.

Sind Sie bereits verwirrt und erkennen keinen Sinn in den Handlungen dieser Geschichte? Dann sind Sie nicht alleine; der Film erhielt bei Probevorführungen anhaltende Buh-Rufe von Kritikern und Zuschauern (auch wenn diese Erzählung andere Kinogänger zu glühenden Fans der Story gemacht hat). Die ausdrückliche Kritik an dem Film rührt aus meiner Sicht daher, dass keine der Figuren ein wahrnehmbares „I Want" besitzt – und somit als Protagonist zu erkennen wäre – und dass sich die Story nicht logisch entfaltet. Dazu fehlen ihr nicht zuletzt Dialoge, die die Geschichte vorantreiben würden. Stattdessen verliert sich die Mutter von Julian, die ihren ermordeten Sohn rächen will, lieber in aussagelosen Gesprächen mit Goslings Figur. Die britische Zeitung *The Guardian* fasste *Only God Forgives* passenderweise so zusammen: In diesem Film versteckt sich eine Geschichte, aber der Regisseur hat keine Lust, sie zu erzählen (Patterson 2013).

Die Methode, eine ereignislose Geschichte zu schreiben, ist nicht auf den Regisseur von *Only God Forgives* beschränkt. Bereits Gertrude Stein schmückte sich mit der Leistung, so wie auch James Joyce und Marcel Proust, Romane zu schreiben, in denen „nicht viel passiert". Ungerechtigkeiten, die Protagonisten hervortreten lassen und sie vor ein Dilemma stellen, waren für diese Gruppe von Schriftstellern nicht wichtig. Jonathan Gottschall, der eines der bekanntesten englischsprachigen Storytelling-Bücher geschrieben hat, kommentierte dazu, dass aus diesem Grund niemand außer Akademikern die Texte der genannten Autoren gelesen hat (Gottschall 2012, S. 55). Ich lade Sie ein, sich selbst ein Bild von dieser Form des Storytellings zu machen. Der Roman *Ulysses* von James Joyce ist ein anschauliches Beispiel hierfür. Der Roman umfasst knapp 700 Buchseiten und bereits im ersten Dialog entfacht sich ein vielschichtiges Gespräch um nicht übersetzte lateinische Begriffe, die Frage, welche Sprache man in Irland sprechen sollte, und darüber, ob die dialogführenden Figuren nach Athen reisen sollten, weil einer der beiden einen griechisch klingenden Namen besitzt (Joyce 2008, S. 3–14).

Eine dritte mögliche Fallgrube für Ihre Geschichten stellen die Dialoge zwischen Ihren Figuren dar. Wenn Sie Dialoge in Ihren Geschichten verwenden möchten, sollten Sie dabei immer bedenken: Dialoge definieren Ihre Figuren auf einzigartige Weise; das bedeutet: Jede Figur spricht anders (Murphey 2013, S. 163). Ein Narr, der anderen Figuren den sprichwörtlichen Spiegel vorhält, redet direkter als ein Diener, der sich einer Autorität unterwirft. Ein Junior Manager spricht z. B. in der Regel zurückhaltender und eher theoretisch, wenn er Geschäftsprozesse beschreibt. Sie geben Ihrem Publikum damit unterschwellig zu erkennen, dass sich der Junior Manager noch auf abstraktes Wissen stützt, anstatt auf real erlebte Beispiele in einem Unternehmen zurückgreifen zu können. Ein Senior Manager hingegen spricht eher im Vokabular von eben diesem Erfahrungswissen, weil er über die Jahre hinweg unterschiedlichste berufliche Situationen erlebt hat.

Wenn Sie in einem Genre abseits Ihrer beruflichen Realität erzählen möchten, beachten Sie, dass z. B. Kinder anders sprechen als Erwachsene. Oder dass im Märchen-Bereich eine Zauberin ihr Reden mit Zaubersprüchen garnieren könnte, während sich ein mittelalterlicher König aus heutiger Sicht eher geschwollen ausdrückt. Machen Sie für Ihre Geschichten den Test, ob Sie selbst die Figuren anhand ihrer Sprache auseinanderhalten können. Verdecken Sie dazu jede Anmerkung in Ihrem Text – wenn Sie Ihre Geschichte fertig formuliert haben –, die auf den Sprecher des Gesagten hinweist. Lesen Sie sich die Story dann nochmals so durch und schauen Sie, ob Sie jeden gesprochenen Satz eindeutig einer Figur zuordnen können (Snyder 2005, S. 154).

Ein Dialog ist auch aus einem anderen Grund ein potenzieller Fallstrick für Ihre Geschichte. Ich möchte Ihnen dazu ein Beispiel für einen Fehler geben, den nahezu jeder Anfänger im Improvisationstheater in seiner ersten Szene auf der

Bühne macht – und auch ich bin in meiner ersten Szene in diese Falle getappt. Stellen Sie sich zwei Figuren vor, die sich auf der Bühne begegnen. Anstatt den Dialog zuerst mit der Körperhaltung zu beginnen, die man als Reaktion auf die jeweils andere Figur zeigt – eine Regel, die im darstellenden Storytelling sehr wichtig ist –, plappern die Neulinge sofort mit diesem Dialog los: *„Ah! Du hier? Mensch! Wie geht's dir?" „Mir? Ha, super! Und selbst?"* In solch platten und nichtssagenden Dialogen reden wir im Alltag. Geschichten tolerieren allerdings kein überflüssiges Element oder Phasen langer Unentschlossenheit, die unser Leben in vielen Situationen prägen. In Storys ist jede Geste, jedes Wort und jede Handlung eine weitere Entwicklung des Storytelling-Dreiecks und der 3-Akt-Struktur. Vermeiden Sie also unnütze Dialoge wie den obigen – sie sind eine Plage. Bedenken Sie: Storytelling ist zugespitzte Realität! Jedes Element folgt einem klar definierten Ziel. Gehen Sie mit diesem Gedanken nochmals Ihre Geschichte durch. Wenn Sie spüren, dass sich belanglose Alltagsgespräche in Ihre Dialoge eingeschlichen haben: Schneiden Sie diese Passagen kategorisch raus aus Ihrem Text.

Was Sie jetzt tun können
- Machen Sie sich eine Liste, welche hellen und dunklen Archetypen Sie in Ihrem Unternehmenskreis wahrnehmen und woran Sie diese Muster erkennen.
- Überlegen Sie: Welches archetypische Muster – oder welche Kombination von Archetypen – drückt die Kultur Ihres Unternehmens aus? Auf welchem Weg sind Sie zu Ihrer Antwort gekommen?
- Lesen Sie Märchen oder packend formulierte Literatur von George Orwell, Ernest Hemingway oder Charles Bukowski. Welche Ideen für das Formulieren Ihrer Geschichten kommen Ihnen beim Lesen?
- Welche Geschichte in drei Akten können Sie mit Ihrem neuen Wissen nun erzählen? Schreiben Sie die Geschichte nieder.

Literatur

Balmer, H.H.: Die Archetypentheorie von C.G. Jung: Eine Kritik. Springer, Berlin (1972)
Campbell, J.: The Hero with a Thousand Faces. Princeton University Press, Philadelphia (1973)
CNN.: Bernard Madoff fast facts, 8. Mai 2017. http://edition.cnn.com/2013/03/11/us/bernard-madoff-fast-facts/ (2017). Zugegriffen: 4. Mai 2017
Ebert, R.: Star Wars – Episode II: Attack of the Clones, 10. Mai 2002. http://www.rogerebert.com/reviews/star-wars-episode-ii-attack-of-the-clones-2002 (2002). Zugegriffen: 4. Mai 2017

Empire.: Top 100 greatest movie characters, 29. Juni 2015. http://www.empireonline.com/movies/features/100-greatest-movie-characters/ (2015). Zugegriffen: 4. Mai 2017

Frohlich, T.C.: Worst product flops of all time, 3. März 2014. 24/7 Wall Street. http://247wallst.com/special-report/2014/03/03/worst-product-flops-of-all-time/2/ (2014). Zugegriffen: 4. Mai 2017

Geer, D.: Top 10 memories of anticipating „The Phantom Menace", 15. Mai 2009. Popcorn Monster. http://www.popcornmonster.com/2009/05/15/top-10-greatest-memories-of-anticipating-the-phantom-menace/ (2009). Zugegriffen: 4. Mai 2017

Gottschall, J.: The Storytelling Animal: How Stories Make Us Human. Mariner Books, New York City (2012)

Hartwell, M., Chen, J.C.: Archetypes in Branding: A Toolkit for Creatives and Strategists. How Books, Georgetown (2012)

Hinshaw, R. (Hrsg.): C.G. Jung im Gespräch: Interviews, Reden, Begegnungen. Daimon, Einsiedeln (1986)

Joyce, J.: Ulysses. Oxford University Press, New York City (2008)

Lane, A.: Space case, 23. Mai 2005. The New Yorker. http://www.newyorker.com/magazine/2005/05/23/space-case (2005). Zugegriffen: 4. Mai 2017

Lim, L.: Air polution grows in tandem with China's economy. NPR, 17. Mai 2007. http://www.npr.org/templates/story/story.php?storyId=10221268 (2007). Zugegriffen: 4. Mai 2017

Mayes, C.: An Introduction to the Collected Works of C.G. Jung. Rowman & Littlefield, Lanham (2016)

Meier, C.A.: Personality: The Individuation Process in the Light of Carl Gustav Jung's Typology. Daimon, Einsiedeln (1995)

Murphey, C.: From Writer to Writer: Lessons From A Lifetime Of Writing. TKA Distribution, Carol Stream (2013)

Patterson, J.: Only god forgives this level of tedium. The Guardian, 29. Juli 2013. https://www.theguardian.com/film/2013/jul/29/patterson-only-god-forgives (2013). Zugegriffen: 4. Mai 2017

Saharudin, H.: How Harley-Davidson rode to iconic brand status through worth-of-mouth, April 2016. Referral Candy. http://www.referralcandy.com/blog/harley-davidson-marketing-strategy/ (2016). Zugegriffen: 4. Mai 2017

Schorn, R.: Kollektive unbewusste Markenkenntnis. Deutscher Universitäts-Verlag, Innsbruck (2003)

Snyder, B.: Save the Cat! The Last Book on Screenwriting that You'll Ever Need. Michael Wiese Productions, Chelsea (2005)

White, D.: George Lucas. Lerner, Minneapolis (2000)

Geschichten und ihre Gattungen – eine Liste an Genres

4

Zusammenfassung

Geschichten müssen nicht immer ein „schweres" Thema besitzen oder in der Realität stattfinden – auch nicht für Ihre beruflichen Absichten. Sie können stattdessen mit verschiedenen Gattungen (Genres) von Geschichten arbeiten und in diesem Kapitel finden Sie eine besondere Gruppierung von Genres abseits ihrer traditionellen Einordnung.

Manche Botschaften, die Sie Kunden oder Mitarbeitern überbringen müssen, sind schwierig und selbst in Form von Geschichten nur unter Bauchschmerzen zu vermitteln. Stellen Sie sich beispielsweise vor, Sie müssen als Geschäftsführer Ihrem Personal die Botschaft vermitteln, dass Ihre Firma Opfer einer feindlichen Übernahme geworden ist und nun groß angelegte Veränderungen im Unternehmen umgesetzt werden müssen. Vielleicht sind Ihre Botschaften zwar nicht schwierig zu überbringen, aber Sie wissen, dass Ihre Gesprächspartner Symbolsprache hoch schätzen. Egal, für welche Situation: Es gibt immer das richtige Genre. Genres sind Gattungen im Storytelling und in der Regel denken Menschen bei dem Begriff „Genre" an Bezeichnungen wie Horror, Western, Action, Romanze, Science-Fiction, Film Noir oder Märchen.

Beispiel-Geschichten, die mithilfe von Genres arbeiten, finden wir leicht in der Unternehmenswelt. Apple bediente sich im Jahr 1984 zur Einführung ihres ersten Macintosh-Computers – der eine Konkurrenz zu Rechnern mit Microsoft-Betriebssystemen darstellte – dem Genre Science-Fiction. Passend zum Jahr der Veröffentlichung, ließ Apple einen Werbespot in der Welt von George Orwells Roman *1984* produzieren. Der Konzern sah sich und seine Kunden als archetypische „Rebellen", die sich gegen die Dominanz von Microsoft auf dem weltweiten Computer-Markt auflehnten. Für die Geschichte des Werbespots spielte eine

Amateursportlerin die Rebellin, die innerhalb einer gleichgeschalteten Gesellschaft mit ihrem Hammerwurf die Dominanz von „Big Brother" brach, dem persönlichen Satan des Romans von Orwell, der im Apple-Spot symbolisch für Microsoft steht. Der Werbespot wurde zum Superbowl des Jahres 1984 einer breiten Öffentlichkeit gezeigt und erlangte augenblicklich Kultstatus als einer der besten Werbespots der Superbowl-Geschichte (Cellini 2004). Im Jahr 2010 entschied sich beispielsweise auch der Energiekonzern E.ON, seine Geschichte als Märchen zu erzählen, in der das Unternehmen als grünes Kuschelmonster auftritt, das dem Planeten mit seinen Projekten beim Umweltschutz hilft (Slavik 2010).

Es wird Sie überraschen zu hören, dass wir in unserem Theaterschauspiel nicht in den traditionellen Genres denken. Wir bemerken regelmäßig, dass sich die Geschichten innerhalb eines traditionellen Genres zu sehr unterscheiden. Im Genre Horror existieren z. B. übernatürliche Horrorgeschichten wie *Der Exorzist* und Stories, die die dunklen Seiten der menschlichen Existenz erforschen, wie z. B. in *American Psycho*. Wenn Sie beide Filme nacheinander schauen, werden Sie zwei ganz unterschiedliche Geschichten erzählt bekommen. Die Einordnung in die klassischen Gattungen ist für uns Darsteller folglich zu ungenau. Im Gegensatz dazu möchten wir auch bei Genres auf wiederkehrende Muster zurückgreifen, die unsere Zuschauer einfach aufnehmen können. In unserer Gliederung zum Thema Genres haben wir uns deshalb vom Drehbuchautor Blake Snyder inspirieren lassen (Snyder 2005, S. 26–42). Seine Anordnung von Story-Gattungen folgt eben diesen wiederkehrenden Mustern, die wir als „Spickzettel" benutzen können. Diese vorformulierten Spickzettel lassen unser Storytelling-Dreieck quasi in einer bestimmten Stellung einrasten.

Genre 1: „Monster in the House"
Beim Genre „Monster in the House" wird die Ungerechtigkeit durch ein Verbrechen bzw. eine „Sünde" hervorgerufen. In der Horrorfilmreihe *Freitag der 13.* treiben Kinder während eines Ferienlagers den jungen Jason Voorhees in den „Crystal Lake", der daraufhin mutmaßlich ertrinkt. In *Jurassic Park* „versündigt" sich der Milliardär John Hammond an der Natur und belebt mit einem neuen Gentechnik-Verfahren erneut Dinosaurier. Die Ungerechtigkeit in diesem Genre ist zugleich das Monster dieser Gattung, dem die Figuren – nicht nur der Protagonist – nicht entkommen können. Im ersten *Freitag der 13.*-Film spielt die Geschichte daher hauptsächlich am abgelegenen „Crystal Lake", an dem die Mutter Jasons (das Monster) brutale Rache an den Schuldigen des mutmaßlichen Todes ihres Sohnes nimmt. In *Jurassic Park* sind die Charaktere der Geschichte plötzlich zusammen mit den gefährlichen Dinosauriern (die Monster) im Vergnügungspark eingesperrt.

Wenn der Protagonist des Genres „Monster in the House" zugleich der Verursacher des Monsters ist, ergibt sich für ihn das Dilemma: Soll er vor seiner Schuld fliehen – also in Akt 1 verweilen – oder soll er sich dafür einsetzen, dass das von ihm geschaffene Monster besiegt werden kann? Als Unternehmen können Sie das Genre „Monster in the House" z. B. beim Thema Umweltschutz einsetzen, wenn Sie in dieser Branche tätig sind – denken Sie an das Beispiel von E.ON, in dem sich der Energieriese seinen Kunden als Kuschelmonster darstellt, das mit seinen Projekten hilft, die Umwelt zu heilen. Sie könnten davon erzählen, dass die Menschheit als Ganzes der Verursacher des „Monsters" (der Umweltverschmutzung) ist und niemand von uns dem Ungetüm entkommen kann, da wir auf dem Planeten Erde „gefangen" sind. Als Schuldiger ist der Protagonist die Identifikationsfigur für das ebenso schuldige Publikum und er kann mithilfe Ihres Produktes oder Ihrer Dienstleistung zeigen, wie das Monster unschädlich gemacht werden kann.

Genre 2: „The Golden Fleece"
In diesem Genre befindet sich der Protagonist auf der Reise zu einem Ziel – oder auf der Flucht vor Verantwortung. Auf diesem Weg findet der Held etwas, das er braucht, aber nach dem er auf der Reise nicht gesucht hat. Die Ungerechtigkeit ist in diesem Genre der Auslöser für die Reise bzw. die Flucht des Protagonisten und ein gutes Beispiel für diese Gattung ist der Film *Das Beste kommt zum Schluss*. In der Geschichte finden der hochintelligente, aber arme Mechaniker Carter (Morgan Freeman) und der reiche Millionär und Widerling Edward (Jack Nicholson) über ihre unheilbare Krebserkrankung zusammen. In dieser Geschichte sind beide Charaktere zugleich die Protagonisten. Zur Mitte des Filmes machen sich die beiden auf – ausgestattet mit dem Vermögen von Edward –, um sich vor ihrem Ableben die Wünsche zu erfüllen, die sie auf einer speziellen Liste notieren. Während ihrer Reise stellt Edward allerdings fest, dass sein eigentlicher Wunsch ist, sich mit seiner Tochter zu versöhnen. Carter hegt wiederum den Traum, dass zwischen ihm und seiner Frau erneut wahre Liebe entfacht. Zum Ende des Films gelingt es beiden, sich ihren jeweiligen Wunsch zu erfüllen – und Matthew, der Assistent von Edward, hilft den beiden nach ihrem Tod, die letzten Wünsche auf ihrer besonderen Liste zu erfüllen.

Der Titel dieses Genres („Das Goldene Vlies (Schafsfell)") bezieht sich auf die griechische Sage um die Heldengestalt Jason, der sich auf eine lange Reise zum Goldenen Vlies machte, um mit dessen Hilfe den Thron von Iolkos – eine Stadt im heutigen Nordgriechenland – zu besteigen. Anstatt zum König ausgerufen zu werden, verriet ihn allerdings der Halbgott Pelias. Für Kunden können Sie das Genre z. B. in der Tourismus-Branche anwenden; AirBnB, der Marktplatz für das Mieten und Vermieten von privaten Unterkünften, erzählt bereits seit September 2016 mit dieser Gattung von Geschichten von seinem Unternehmen. Die Firma schuf dafür die Kampagne „Fahr nicht einfach nur hin. Sei dort zu Hause" (AirBnB 2016) Die Aussage soll für Sie als möglicher AirBnB-Kunde lauten: Sie möchten eine neue Stadt besuchen? AirBnB lädt Sie mit den Apartments und Zimmern seiner Nutzer dazu ein, in einer Ihnen fremden Stadt heimisch zu werden.

Genre 3: „Dude with a Problem"
Der Film *Terminator 2,* von dem wir in diesem Buch bereits gelesen haben, ist ein gutes Beispiel für dieses Genre. Die wesentliche Idee dieser Gattung ist es, dass der Unterschied zwischen dem Protagonisten und seinem persönlichen Satan so groß ist wie nur irgendwie möglich. Im Fall von *Terminator 2* steht der rebellische Teenager John Connor einer künstlichen Intelligenz aus der Zukunft gegenüber, die unzerstörbar scheint. Genau diese Abstände zwischen Protagonist und Satan sollten Sie suchen, wenn Sie in diesem Genre eine Geschichte erzählen möchten. Weil die Distanz zwischen den beiden Punkten so groß ist, bietet sich das Einbringen von Humor in die Geschichte an. Unterschwellig sehen wir den Humor in diesem Genre im Film *Stirb Langsam* mit Bruce Willis als einfachen New Yorker Polizisten John McLane. In der Geschichte wird der Bürokomplex, in dem seine Frau die Weihnachtsparty ihrer Firma feiert, von Verbrechern gestürmt. McLanes Frau und weitere Angestellte finden sich fortan als Geiseln der Männer wieder. Im Verlauf des Films schafft es McLane als Einzelkämpfer, die Geiselnehmer auszuschalten, und er stellt sich dabei sogar wesentlich geschickter an, als das ratlos wirkende FBI vor den Toren des Gebäudekomplexes.

DirecTV, der amerikanische Anbieter für Satellitenfernsehen, nutzte das Genre im Jahr 2012 in einer Reihe von Werbespots. Der Protagonist fällt bei jeder der Geschichten einer übertriebenen Form des „Schmetterlingseffektes" zum Opfer. Der „Schmetterlingseffekt" besagt grob, dass minimale Veränderungen in einem komplexen System (wie einer Gesellschaft) große, plötzliche Auswirkungen haben können. Einer der Werbefilme von *DirecTV* beginnt mit dem Protagonisten am Telefon – und er ist genervt über seinen Kabelfernseh-Anbieter. In der humorvoll übertriebenen Darstellung des „Butterfly-Effektes" hat das Genervt-sein des Protagonisten zur Folge, dass er verprügelt im Straßengraben landet: Die Hauptfigur ist demnach verärgert; seinen Ärger muss er deshalb beim Squash-Spielen ablassen; beim Squash verletzt sich der Protagonist am Auge und trägt eine Augenklappe; bei der Fahrt vom Arzt denken zwielichtige Gestalten, der Held der Geschichte ist wegen seiner Augenklappe ein harter Typ und wollen testen, wie hart er ist; der Protagonist rennt also vor der Gruppe davon, aber er landet trotzdem verprügelt im Straßengraben. Der Werbespot schließt mit den Worten:

„Enden Sie nicht in einem Graben neben der Straße, kündigen Sie Ihren Kabelanschluss und wechseln Sie zu DirecTV (Advertising Archive 2013)."

Genre 4: „The Fool Triumphant"
In diesem Genre erzählen Sie die typische Außenseitergeschichte, in der ein mutmaßlicher Taugenichts gegen einen übermächtigen Gegner antritt. Der wahrscheinlich bekannteste Film dieser Gattung ist *Forest Gump* mit Tom Hanks in der Hauptrolle. Gump ist in der Geschichte der vermeintliche Trottel für alle, die ihm im Verlauf seines Lebens begegnen; bereits als Kind erhält er das Ergebnis, dass sein Intelligenzquotient dem eines geistig Behinderten gleicht und die Kinder der Umgebung behandeln ihn wegen seiner Beinschienen wie einen Aussätzigen. An der Schwelle seiner persönlichen Hölle entdeckt Gump allerdings seine überdurchschnittlichen Fähigkeiten, so z. B. im Rennen. Das Arizona Hochschul-Football-Team macht sich sein Talent zunutze, sodass Gump über ein Stipendium an der Universität studieren kann. Der vermeintliche Trottel rettet durch seine Fähigkeit Jahre später im Vietnam-Krieg seine verwundeten Kameraden aus einem Hinterhalt der Vietcong und erfindet als Erwachsener das Joggen. Die Geschichte endet mit Gump als Millionär, der sich nach dem Tod seiner Frau als alleinerziehender Vater um seinen intelligenten Sohn kümmert.

Auch der Autobauer Hyundai bewarb sein Modell Genesis mit einem Werbespot beim Super Bowl 2016 mit diesem Genre. Den Trottel spielt hier der US-Stand-Up-Komiker Kevin Hart als Vater einer Teenager-Tochter und sein übermächtiger Gegner ist der coole Junge, der seine Tochter zu einem Date ausführt und Hart bei der Begrüßung wie einen Volltrottel aussehen lässt. Hart rächt sich mithilfe des Hyundai-Wagens, den er angeblich aus gutem Willen dem Pärchen überlässt. In Wirklichkeit kann Hart mit der GPS-Ortung des Wagens die beiden Jugendlichen im Auge behalten und den Freund seiner Tochter mit den Funktionen des Wagens stets davon abhalten, der jungen Frau während des Dates zu nahe zu kommen (dabei kann immer nur das männliche Date seiner Tochter Hart sehen). Das humorvoll dargestellte Date endet auf einem romantischen Aussichtsplatz, an dem der Freund Harts Tochter versucht zu küssen; dabei wird er aber im Hintergrund von Hart gehindert, der ihm – an einem Helikopter hängend – zuruft, er habe sich mit dem falschen Daddy angelegt! Der verängstigte Teenager entscheidet sich daraufhin, Harts Tochter und den Wagen zurückzubringen. Hart wartet daheim auf die beiden und tut vor seiner Tochter so, als sei an dem Abend nichts vorgefallen. Der Werbespot endet mit dem Werbespruch: „‚Car Finder' am Hyundai Genesis: Weil Väter tun müssen, was sie tun müssen (Hyundai (YouTube) 2016)."

Genre 5: „Institutionalized"
In diesem Genre erzählen Sie von Menschen in einer Institution; diese Institution kann eine Firma sein, eine Glaubensgemeinschaft, eine Gesellschaftsgruppe oder eine Familie. Die Ungerechtigkeit, die den Protagonisten in dieser Geschichte heimsucht, ist die Erkenntnis, dass er mit dem Eintritt in die Gruppe ein Stück seiner Selbstbestimmung aufgibt. Die Geschichte erzählen Sie in der Regel aus der Perspektive eines Neulings in der Gruppenhierarchie. In der Verfilmung von *Der Pate* sehen Sie als Publikum die Geschichte daher aus der Perspektive von Michael Corleone, dem jüngsten Sohn des Paten Vito Corleone. Michael möchte sich seine Eigenständigkeit bewahren und daher nicht den „Geschäftsaktivitäten" seiner Familie beitreten. Nach dem Mordversuch von Virgil Sollozzo an Vito Corelone steht Michael allerdings an der Schwelle zu seiner persönlichen Hölle, da er nun gezwungen wird, den Familienclan zu übernehmen. Wir als Zuschauer verfolgen nun den schrittweisen Abstieg des einstigen Kriegshelden Michael zu einem Werkzeug der „Familie", der während des Films in der Aussage Michaels gegenüber seinem älteren Bruder Fredo kulminiert, während eines Streits mit Casino-Besitzer Moe Greene: „Beziehe niemals Partei gegen deine eigene Familie!"

Im Jahr 2007 deutete Volkswagen mit seinem Werbespot *Das Auto* das Genre „Institutionalized" positiv um. Den Werbespruch *Das Auto* trug VW ab 2007 bis zum Diesel-Abgasskandal im Jahr 2015. Im Werbespot zum Slogan zeigt der Autobauer verschiedene PKW-Modelle seiner Vergangenheit, Gegenwart und auch Zukunft und beschreibt, wie diese Autos das Lebensgefühl ganzer Generationen geprägt haben. Der Sprecher des Werbespots führt dazu aus: „Erst wenn ein Auto eine Ära geprägt hat […] und einer ganzen Generation ihren Namen gab…; erst wenn ein Auto nicht nur groß ist, sondern Größe hat […] dann ist es: das Auto" (Autohaus Kunzmann (YouTube) 2009)

Genre 6: „Superhero"
In diesem Genre sehen wir die Ungerechtigkeit darin, dass die Figuren der Geschichte Durchschnittsmenschen darstellen. Aus diesem „Unrecht" entsteht ein mit besonderen Fähigkeiten ausgestatteter Protagonist, der inmitten der „Erde" von Akt 1 wie ein Superheld wirkt und von seinem Umfeld deshalb als Fremdkörper wahrgenommen wird. Das Dilemma an der Schwelle zur seiner persönlichen Hölle besteht für den Helden darin, ob er sich von der Ablehnung seines Umfeldes brechen lässt oder ob er trotz dieser Ablehnung an seinen besonderen Kräften festhält. Sie denken bei diesem Genre wahrscheinlich an die Superhelden Ihrer Kindheit, wie z. B. an Batman. In der Tat finden wir beispielsweise in den Batman-Verfilmungen von Christopher Nolan diese Gattung wieder. In *The Dark Knight Rises* hat sich Batman aus der Öffentlichkeit zurückgezogen, da er von

den Bürgern von Gotham City als Verbrecher angesehen wird. Nachdem ihn sein Butler Alfred – als Herold – dazu drängt, sein Doppelleben als Batman aufzugeben, entscheidet sich Bruce Wayne gegen den Rat seines Vertrauten. Als Batman geht er auf eine abschließende Reise, um Gotham City vor dem Terroristen Bane zu beschützen.

Denken Sie bei diesem Genre allerdings nicht nur in der Kategorie der traditionellen Superhelden-Filme; auch die Geschichte um den römischen General Maximus in *Gladiator* ist eine Story, die dem hier beschriebenen Genre folgt – auch wenn die Erzählung in der klassischen Einordnung von Filmgattungen als „historisches Drama" bezeichnet wird. Die Ungerechtigkeit der Geschichte ist Commodus, der Sohn des Kaisers, der unfähig ist, den Thron seines Vaters zu übernehmen. In seiner Wut tötet Commodus seinen Vater, um zu verhindern, dass der gefeierte General Maximus zum neuen Kaiser ausgerufen wird. Maximus, der Protagonist, geht nach der Ermordung seiner Familie durch Commodus unfreiwillig ins Exil, wird dort zum Gefangenen und sogar zum Sklaven, der Schaukämpfe als Gladiator abhalten muss. Vor dieser Schwelle seiner Hölle entscheidet sich Maximus, an seinen Kampffähigkeiten festzuhalten, um sich als Sklave mit seinen Gladiatorenkämpfen bis ins Kolosseum in Rom vorzukämpfen – und dort Rache an Commodus zu nehmen, der bereits zum neuen Kaiser gekrönt wurde.

Auch das Unternehmen Philips Healthcare, das im Gesundheitsbereich z. B. für Krankenhäuser Technologien bereitstellt, warb im Jahr 2016 mit diesem Genre für sich. Philips sieht sich in dem Werbespot als Spiderman, der auf dem Weg zur Arbeit – in seinem Spinnenkostüm (!) – Staus, unfreundliche Passanten und volle Aufzüge überwindet, um letztendlich dort anzukommen, wohin er sich berufen fühlt: in der Kinderstation eines Krankenhauses. Der Werbespot schließt mit der Aussage: „Bei Philips verstehen wir Gesundheitsvorsorge anders. Es gibt immer einen Weg, das Leben besser zu machen" (Advert. ge (YouTube) 2016).

Genre 7: „Whydunnit?" („Why have they done it?")
Der Titel dieser Gattung ist eine Anspielung auf den umgangssprachlichen englischen Begriff „Whodunnit?" („Who has done it?"). Das Wort gebrauchen wir im Zusammenhang von Kriminalgeschichten, in denen der Fokus auf der Frage liegt, WER ein Verbrechen begangen hat. In Erzählungen wie diesen wird das Publikum eingeladen, mit dem Detektiv – der in der Regel der Protagonist dieser Geschichten ist – zu überlegen, wer der Verbrecher ist. Im Genre „Whydunnit?" beschäftigen wir uns als Zuschauer dagegen mit der Frage, WARUM Menschen sich zu einer bestimmten (kriminellen) Entscheidung durchringen. Das Dilemma steht in diesem Genre im Vordergrund.

Der Film *Insomnia* aus dem Jahr 2002, bei dem auch Christopher Nolan Regie geführt hat, zeigt uns ein hervorragendes Beispiel für diese Art von Geschichten. Al Pacino spielt hier den Detektiv Will Dormer, der einen Mordfall an einer Teenagerin aufklären soll. Sein Partner Hap offenbart Dormer bereits zu Beginn des Filmes, dass er (Hap) bei einem internen Ermittlungsverfahren gegen sich selbst und Dormer aussagen wolle, um eine Strafmilderung zu erhalten. Trotz des zerrütteten Verhältnisses zwischen den beiden Detektiven arbeiten beide weiter an ihrem aktuellen Mordfall, der sie bald an eine Hütte inmitten einer abgelegenen Landschaft führt. Der Mörder Walter Finch (Robin Williams) flieht bei der Ankunft der Detektive und bei der anschließenden Verfolgungsjagt im Nebel erschießt Dormer seinen Partner Hap. Die Frage, die die Erzählung von da an aufwirft ist: Hat Dormer mit Absicht gehandelt oder vermutete er im dichten Nebel tatsächlich, dass er vom Mörder Finch attackiert wird? Dormer steht nun vor dem Dilemma, ob er seine Schuld am Tod seines Partners eingesteht oder die Tat vertuschen will. Dormer entscheidet sich für die zweite Möglichkeit; dabei wird er allerdings von Finch erpresst, der den Vorfall im Nebel beobachtet hat. Im Film verfolgen wir anschließend die Rationalisierung von Dormer, warum er so gehandelt hat, wie er gehandelt hat. In Wirklichkeit steht aber nicht Dormer im Vordergrund der Story, sondern wir als Zuschauer. Das Treten vor das Höllentor und das Durchlaufen der Hölle stellt eigentlich uns die Frage: Was würden wir an Dormers Stelle tun und wie würden wir unsere Entscheidung rechtfertigen?

Die britische Tageszeitung *The Guardian* machte sich diese Erzählgattung im Jahr 2012 für einen Werbespot zunutze (The Guardian (YouTube) 2012). Die Zeitung verarbeitete hierfür das Märchen von den *Drei kleinen Schweinchen* und zeigte in einer fiktiven Realität den gesellschaftlichen Aufruhr und die mediale Berichterstattung zu diesem „Fall". Zur Erinnerung: Im Märchen aus dem 19. Jahrhundert wohnen drei kleine Schweinchen in jeweils einem Haus. Zwei der Schweinchen haben jeweils ein Holz- bzw. Strohhaus. Die beiden Gebäude werden von einem großen bösen Wolf umgepustet, der die Schweinchen fressen will. Das dritte Schweinchen wohnt allerdings in einem Steinhaus, das der Wolf nicht zum Einsturz bringen kann. Er entscheidet sich deshalb dafür, über den Kamin in das Haus zu gelangen, stürzt dabei ab und fällt in einen Topf mit kochendem Wasser. Im Werbespot stürmen Spezialkräfte der britischen Polizei das Steinhaus und nehmen die drei kleinen Schweinchen (Schauspieler in Schweinskostümen) fest.

Während der Durchsuchung des Tatortes Polizei und der Verhandlung werden Kommentare aus den sozialen Medien eingeblendet, die auf die „Berichterstattung" des Guardian reagieren. Jeder kommentierende Nutzer bezieht dabei eindeutig Stellung zu den Vorfällen – ohne dabei zwangsläufig alle Informationen zum Fall zu haben. Währenddessen tauchen neue „Beweise" zum Fall auf – z. B. ein Überwachungsvideo aus einem Bus, das den Wolf mit einem Inhalator zeigt. Die Andeutung ist hier, dass der Wolf Asthma gehabt hat und daher nicht in der Lage sein konnte, die beiden Häuser umzupusten. Auf diese Neuigkeit reagieren die Beobachter in den sozialen Medien erneut heftig. Der Spot endet mit dem Werbespruch: „Guardian: das ganze Bild!" Der Spot dreht sich nicht ausschließlich darum, dass die britische Tageszeitung die Ruhe und die Kompetenz besitzt, in ihrer Berichterstattung nicht zu voreiligen Schlüssen zu gelangen. Unterschwellig wird an uns die Frage gestellt: Wie verhalten wir uns, wenn wir in den sozialen Medien zu aktuellen Themen Stellung beziehen?

Genre 8: „Rites of Passage"
Wir alle erinnern uns an Ereignisse in unserem Leben, in denen wir einen schwierigen Schritt ins Erwachsensein nehmen mussten. Diese „Ungerechtigkeit" kann uns auch passiert sein, obwohl wir unser 18. Lebensjahr schon lange überschritten haben: Wir erinnern uns hier z. B. an die Verarbeitung unserer ersten Trennung, das Durchschreiten einer schweren Krankheit oder die Verantwortung, die wir nach der Geburt unseres Kindes übernehmen müssen. Unabhängig davon, ob wir uns an traurige oder freudige Ereignisse erinnern: Im Endeffekt müssen wir erkennen, dass wir die Ereignisse, die uns widerfahren, so akzeptieren müssen, wie sie sind. Wir können schlechte Erfahrungen nicht besser machen und gute Erfahrungen nicht noch besser.

Diese Geschichtsgattung greift z. B. der Film *28 Tage* mit Sandra Bullock auf. Bullock spielt hier die Kolumnistin Gwen Cummings, die wegen ihrer Drogen- und Alkoholprobleme von einem Gericht vor die Wahl gestellt wird, entweder 28 Tage im Gefängnis oder in einem Therapiezentrum zu verbringen. Cummings entscheidet sich für die Therapie und gerät hier an die Schwelle ihrer Hölle, weil sie nicht einsieht, dass sie ein Drogen- und Alkoholproblem besitzt. Im Endeffekt durchläuft sie ihre Hölle und erfährt, dass sie sich wegen ihrer Sucht nicht lebenslang Vorwürfe machen muss. Sie akzeptiert diesen Abschnitt ihrer Geschichte als Teil ihrer Persönlichkeit und entlässt das Zentrum nach 28 Tagen „trocken".

Das Unternehmen Bobi Brown Cosmetics greift dieses Genre regelmäßig in seinem Marketing auf, so z. B. mit der *Be Who You Are*-Kampagne zum 25. Firmenjubiläum im Jahr 2016. In dem Spot erzählen normale Frauen (gemeint ist: keine Models) von ihrer Erfahrung, dass Schönheit bedeutet, sich so zu akzeptieren, wie man ist – und dass das Unternehmen sie in dieser Einstellung unterstützt (Bobbi Brown Cosmetics (YouTube) 2016).

Genre 9: „Buddy Love"
Sie ahnen es: Dieses Genre dreht sich um zwei Kumpel oder Freundinnen, die zusammen ein Abenteuer erleben. Vielleicht überrasche ich Sie allerdings, wenn ich schreibe, dass das traditionelle Genre Romanze ebenso zu der Gattung „Buddy Love" gehört; denn auch in Liebesfilmen findet das Paar nicht bereits zu Anfang der Geschichte zueinander. Wir haben diese Ungerechtigkeit bereits im Vorwort des Stückes *Romeo und Julia* gesehen. Im weitesten Wortsinn verstanden, sind Romeo und Julia am Anfang der Geschichte nichts weiter als „Kumpel" – und die Fehde ihrer Familien stellt die Ungerechtigkeit unserer 3-Akt-Struktur dar.

Der Film *Rain Man* mit Tom Cruise als arroganten und schmierigen Autohändler Charlie und Dustin Hoffman als Autist Raymond ist ebenso eine Variante dieses Genres – wenngleich die „Kumpel" hier Brüder sind. Die Ungerechtigkeit in *Rain Man* ist die Tatsache, dass Raymond Charlie mit seiner mentalen Einschränkung in den Wahnsinn treibt; allerdings findet Charlie in seiner Hölle von Akt 2 heraus, dass er seinen Bruder auf eine besondere Weise braucht. Wie in einem Liebesfilm finden am Ende auch die beiden Brüder viel näher zueinander, als sie dies am Anfang der Geschichte waren.

Der Bierproduzent Carlsberg benutzte im Jahr 2013 das Genre, um reale Freunde einem Stresstest zu unterziehen (Carlsberg (YouTube) 2013). Der Werbespot beginnt in einem dunklen Raum, in dem mehrere Männer Poker spielen. Einer der Männer verrät, dass die übrigen Spieler ihren besten Freud oder ihre beste Freundin nun – mitten in der Nacht – anrufen werden. Sie werden ihnen erklären, dass sie bei einem Pokerspiel mit fadenscheinigen Männern Geld verloren haben und sie (die Freunde) ihnen mehrere hundert Euro überbringen müssen, da die Pokerspieler ansonsten nicht aus dem Raum gelassen werden. Jeder der Angerufenen erscheint einzeln am Drehort – ohne von dem Test zu wissen – und klopft an die Tür des Hauses. Von dort an besitzt er mehrere Möglichkeiten doch noch aus der unangenehmen Situation zu verschwinden: So wird jeder Freund vor der Tür von einem Schläger nach Waffen durchsucht, innerhalb des Gebäudes trifft der Freund auf einen illegalen Kampfclub wie in dem Film *Fight Club* und im verrosteten Aufzug sind die Freunde mit einem Schauspieler eingeschlossen, der einen geistig abwesenden Obdachlosen spielt, der mit irrem Blick Hühnerfleisch vom Knochen verspeist. Beeindruckend ist dabei für uns zu sehen, dass sich dieser Situation sogar eine junge und attraktive Frau stellt. Im Pokerraum angekommen, fordert der Mann vom Beginn des Spots mit scharfem Ton sein Geld ein. Als die Freunde jeweils auch diese Höllen-Hürde überwinden, fällt im Hintergrund ein versteckter Vorhang und das Produktionsteam applaudiert dem jeweiligen Freund mit stürmischen Jubel für seine Loyalität. Der Spot endet mit dem Slogan: „Standing up for a Friend: That calls for a Carlsberg".

Das Genre „Buddy Love" war die letzte Gattung an Geschichten, die ich Ihnen vorstellen möchte. Für jede Spitze des Storytelling-Dreiecks besitzen Sie nun Muster, die für Sie einfach zu erkennen und zu verarbeiten sind. Für die Protagonisten Ihrer Geschichten können Sie nun aus einer Reihe an Archetypen wählen, die Ihrem Publikum die Gelegenheit geben, sich mit dem Helden der Story zu identifizieren. Mit den Genres besitzen Sie darüber hinaus mehrere Möglichkeiten, eine Ungerechtigkeit und ein sich hieraus ergebendes Dilemma für den Protagonisten zu erstellen. Snyder beschreibt in seinem Buch die von ihm vorgenommene Neuordnung der klassischen Genres sogar indirekt in archetypischer Weise: Snyder behauptet, dass die Strukturen, nach der er seine Gattungen ordnet, uns unbewusst so bekannt sind, dass wir sie sogar einem Höhlenmenschen verständlich machen könnten (Snyder 2005, S. 34). Nachdem wir nun viel Rüstzeug für unser Dreieck besitzen, kommen wir im folgenden Kapitel nochmals auf das Thema der Individuation zurück. Die Idee von Carl Jung, wonach wir in unserer Persönlichkeit mehrere Archetypen zum Ausdruck bringen, können wir ebenso auf die Protagonisten unserer Geschichten übertragen.

Was Sie jetzt tun können
- Welche Gattungen von Geschichten passen zu Ihrem Unternehmen? Warum?
- Betrachten Sie Ihre Geschichte, die Sie am vorangegangenen Kapitelende geschrieben haben. Welcher Gattung ordnen Sie diese Geschichte zu und warum?

Literatur

Advertising Archive: Don't wake up in a roadside ditch – direcTV (Dailymotion-Video), veröffentlicht am 02. Mai 2013. http://dai.ly/xziqnc (2013). Zugegriffen: 4. Mai 2017

Advert.ge: Philips – everyday hero, (YouTube-Video), veröffentlicht am 06.10.2016. https://www.youtube.com/watch?v=1abDtr-Ffnw (2016). Zugegriffen: 4. Mai 2017

AirBnB: Ein ganz besonderer Tag bei AirBnB, 19. April 2016. https://www.airbnb.de/livethere (2016). Zugegriffen: 4. Mai 2017

Autohaus Kunzmann: Volkswagen – Das Auto – Werbung – VW bei Kunzmann, (YouTube-Video), Veröffentlicht am 16.03.2009. https://www.youtube.com/watch?v=rvPNgQaivUU (2009). Zugegriffen: 4. Mai 2017

Bobbi Brown Cosmetics: Be who you are (YouTube-Video), veröffentlich am 24. Juli 2016. https://youtu.be/CELkBasQEwY (2016). Zugegriffen: 4. Mai 2017

Carlsberg: Carlsberg puts friends to the test, (YouTube-Video), veröffentlicht am 12.03.2013. https://www.youtube.com/watch?v=vs1wMp84_BA (2013). Zugegriffen: 4. Mai 2017

Cellini, A.: The story behind apple's „1984" TV commerical: Big brother at 20. MacWorld Januar 2004. http://arquivo.pt/wayback/20090628133828/http://findarticles.com/p/articles/mi_hb197/is_200401/ai_n5556112/ (2004). Zugegriffen: 4. Mai 2017

Hyundai: First date – hyundai super bowl commercial – the 2016 hyundai genesis (YouTube-Video), veröffentlicht am 04. Februar 2016. https://youtu.be/1PX8iQCyfMk (2016). Zugegriffen: 4. Mai 2017

Slavik, A.: Die Märchenerzähler. Süddeutsche Zeitung 17. Mai 2010. http://www.sueddeutsche.de/wirtschaft/gruene-unternehmens-pr-die-maerchenerzaehler-1.141482 (2010). Zugegriffen: 4. Mai 2017

Snyder, B.: Save the cat! The last book on screenwriting that you'll ever need. Michael Wiese Productions, Chelsea (2005)

The Guardian: Cannes lion award-winning „three little pigs advert", (YouTube-Video), veröffentlicht am 29.02.2012. https://www.youtube.com/watch?v=vDGrfhJH1P4 (2012). Zugegriffen: 4. Mai 2017

Die realistischen Protagonisten unserer Geschichten – Charaktere mit vielen Gesichtern

5

Zusammenfassung

Realistische Charaktere besitzen in der Regel mehrere Archetypen. In diesem Kapitel sehen wir an erfolgreichen Stories in der Werbung, wie Sie Archetypen kombinieren können.

Wir haben in diesem Buch bereits gelernt, dass weder wirkliche Persönlichkeiten noch Protagonisten eindimensional in ihrem Charakter sind bzw. sein sollten, da wir sie ansonsten als langweilig und wirklichkeitsfremd empfinden. Wir wissen schließlich von uns selbst, dass wir mehrere Selbstbilder haben und wir diese nicht auf ein einziges herunterbrechen können: In unserem Beruf mögen wir vielleicht den Archetyp „Souverän" zum Ausdruck bringen, während wir unter Freunden als „Netzwerker" wahrgenommen werden und in unserem Liebesleben als „Spieler" gelten. Auch in einzelnen Lebensbereichen können wir mehrere archetypische Rollen- und Verhaltensmuster zeigen; so können wir als Vorgesetzter in einem Unternehmen zugleich als „Beschützer" und „Herrscher" auftreten oder die Kombination aus „Innovator" und „Maverick" ausdrücken. Auch die Verhaltensweisen, die wir unserer Umwelt zeigen, müssen nicht immer zueinander passen. So können Sie in manchen beruflichen Situationen als „Herrscher" auftreten – z. B. wenn Sie als Experte in einem Team die inhaltliche Richtung vorgeben –, während Sie in anderen Situationen die Rolle des „Dieners" einnehmen – z. B. in der direkten Zusammenarbeit mit Ihrem Vorgesetzten. „Ecken und Kanten" wie diese lassen uns nicht nur real wirken, sondern machen uns in den Augen von anderen Menschen zugleich interessanter; offenkundig durchlaufen wir in unserem persönlichen Leben eine Art von Konflikt bzw. Ungerechtigkeit, aus der heraus sich eine hervorragende Geschichte erzählen lässt.

Wir schauen uns nun Geschichten von Unternehmen an, deren Protagonisten ebenfalls mehr als ein archetypisches Muster aufweisen. Wir werden in diesem Unterkapitel mit Werbespots in Form von Videos betrachten; eben auf das Format Video möchte ich daher zunächst näher eingehen. Das bereits erwähnte Video von Bobbi Brown Cosmetics (Bobbi Brown Cosmetics 2016) ist für ein das Format Video ein passendes Negativ-Beispiel, es viel zu lang wirkt. Insgesamt umfasst der Werbespot 3:12 min und an der 1:52-Minuten-Marke sprechen die Frauen immer noch über das Thema Selbstakzeptanz und die Schönheit, die in diesem Gedanken liegt. Ich erwähne die 1:52-Minuten-Marke, da mir an diesem Punkt der eindrückliche Gedanke durch den Kopf schoss: „Ich habe es begriffen, Leute!" Hüten Sie sich davor, Ihre Zuschauer an diesen Punkt zu bringen, ansonsten hinterlassen Sie auch mit der schönsten Botschaft – und Bobbi Brown hat eine wunderbare Botschaft zu erzählen – einen negativen emotionalen Nachgeschmack.

Im Fall des angesprochenen Werbespots platzierte Bobbi Brown zwischen der 1:52-Minuten-Marke und dem Ende des Spots bei 3:12 min insgesamt nochmals fünf Mal die Botschaft „Be Who You Are" in großen Buchstaben. Ich nehme an, auch vielen von Ihnen erscheint diese Menge und Länge überladen. Die Frage lautet nun: Wie viel ist zu viel? Als Faustregel können Sie sich merken: Je kürzer, desto besser! Bedenken Sie, dass Sie im Storytelling im Grunde mit sehr einfach aufzunehmenden Mustern von Geschichten arbeiten – ob diese nun in einem „kollektiven Unbewussten" abgespeichert sind oder nicht –, sodass Sie sich nicht mit langen Erklärungen abgeben müssen.

Im Werbespot von Philips Healthcare beispielsweise ist uns Zuschauern in nur wenigen Sekunden klar, dass dieser Spiderman aus dem Werbespot ein traditioneller Superheld ist: Wir sehen Spiderman und einen alten Mann, dessen Rollwagen er die Treppen hochzieht und oben angekommen winkt der Senior dem Superhelden schon zum Abschied zu. Das archetypische Muster ist etabliert und der Spot kann seine kurze Geschichte bereits weitererzählen. Zum Vergleich: der Philips-Werbespot erzählt wesentlich mehr Inhalt als der Spot von Bobbi Brown, dafür kommt die Geschichte um Spiderman bei einer Gesamtlänge von nur 1:31 min mit deutlich weniger als der Hälfte der Zeit aus als die Werbung der Kosmetik-Linie. Zum Thema der Länge von Werbespots können Sie sogar auf Studien zurückgreifen. Eine davon sagt aus: Für Ihr Video eignet sich bestenfalls eine Länge von zwei Minuten; in diesem Fall folgen Ihnen 70 % der Zuschauer bis an das Ende Ihrer Werbung. Wenn Ihr Video die 2-Minuten-Marke überschreitet, sinkt bereits die Anzahl der Menschen, die Ihrem Inhalt bis zum Ende folgt; allerdings ist laut dieser Erhebung auch wahr, dass Sie selbst noch bei 4-Minuten-Videos damit rechnen können, dass 60 % Ihrer Zuschauer Ihren Sport in Gänze ansehen (Fishman 2016).

Wenn Sie eine weitere Orientierung dafür brauchen, wie Sie Ihre Geschichten effizient kürzen, können Sie u. a. auf die Methode von Wilhelm von Ockham zurückgreifen, die als „Ockhams Rasiermesser" bekannt ist. William von Ockham war im Mittelalter u. a. als Theologe und Philosoph aktiv und stellte den Grundsatz auf, dass jede Erklärung, die überflüssig zum Verstehen eines Sachverhaltes ist, mit einem „Messer" „wegrasiert" werden konnte (Beckmann 2010, S. 45). In seinen eigenen Worten drückte sich Ockham so aus: *„Ohne Zwang sollte man keine Vielheiten annehmen!"* (Fischer 2009, S. 287).

Schauen wir uns die nützlichen Informationen, die wir eben gesammelt haben, in der Praxis an – zuerst beim Werbespot *The Scarecrow* der amerikanischen Schnellrestaurantkette Chipotle Mexican Grill aus dem Jahr 2013 (Chipotle Mexican Grill (YouTube) 2013). Bedenken Sie dabei, dass wir hier auch darauf achten, wie verschiedene Archetypen innerhalb eines Protagonisten verarbeitet werden. Der Werbespot ist ein animierter Film und das erste, was wir Zuschauer sehen, ist angeblich eine urig aussehende Farm. Der Eindruck täuscht aber, denn in Wirklichkeit ist die Szenerie Teil eines bedrohlich wirkenden Plakates der Crow Foods Incorporated. Eine traurige Vogelscheuche tritt vor das Plakat, das an der Front einer mächtig wirkenden Fabrik des Unternehmens hängt. Die Vogelscheuche ist in dieser Geschichte wie ein Landwirt gekleidet. Zu diesem Zeitpunkt sind gerade einmal 15 s vergangen – und jetzt schon wissen wir über die Story eine ganze Menge. Wir ahnen, dass es sich dabei um eine Geschichte im Genre „Dude with a Problem" handeln wird. Der Kontrast zwischen der einflussreichen Firma und der einfachen Vogelscheuche ist bereits ein klares Indiz in diese Richtung.

Welchen Archetypus besitzt nun die Hauptfigur dieser Geschichte, um die Ungerechtigkeit zu überwinden? Die Vogelscheuche sehen wir, wie bereits beschrieben, traurig vor der Fabrik stehen. Die Andeutung, die der Werbespot macht, ist, dass sich unser Held nach der Idylle sehnt, die er auf dem Plakat zu Gesicht bekommt – und dass er diese Idylle in der Fabrik nicht findet. Die Vogelscheuche trägt darüber hinaus, wie schon beschrieben, die Kleidung eines Farmers und das idyllische Bild auf dem Plakat zeigt eine Farm inmitten der Natur. Wir können mit diesen Hinweisen annehmen, dass die Vogelscheuche ein archetypischer Diener ist, der sich mit Hingabe dem Erhalt und der Arbeit in der Natur widmet. Die Vermutung verhärtet sich in den nächsten Teilen des Werbespots: Wir sehen, dass unser Protagonist in der Fabrik arbeitet – und im Inneren des Gebäudes geht es schlimm zu: Kühne, Hühner und Rinder werden am Fließband zerhackt – diese Prozedur wird im Hintergrund des digitalisierten Films allerdings nur angedeutet –, die Geflügeltiere werden zuvor gemästet und die Kühe harren in kleinsten Käfigen aus. Währenddessen wird den Kunden vom

Unternehmen Glauben gemacht, dass sie 100 % biologisches Fleisch kaufen – und die Vogelscheuche ist damit beauftragt, lose Bretter und andere Löcher an der Außenfassade der Fabrik schnell zu stopfen, damit der schöne Schein gewahrt bleibt. Noch trauriger als zu Beginn der Geschichte tritt die Vogelscheuche nach der Arbeit die Zugfahrt nach Hause an. An dieser Stelle sind nur 1:52 min des Spots vergangen, was wir angesichts der vielen Erzähl-Elemente der Geschichte bisher als Zeichen eines effizienten Storytellings ansehen können.

Nachdem unser Held auf seine Farm zurückgekehrt ist und eine frische Paprika aus seinem Garten gepflückt hat, erkennen wir ein zweites, archetypisches Muster in unserer Hauptfigur aufkeimen – nämlich das des Aktivisten. Entschlossen blickt die Vogelscheuche nun zurück auf die düsteren Fabrikanlagen von Crow Foods, die er auch von seiner Scheune aus sehen kann, und macht sich dazu auf, wirklich biologische Lebensmittel aus seinem Garten zu ernten. Als Aktivist, der zugleich das Rollen- und Verhaltensmuster des Betreuers verkörpert, sieht der Protagonist nicht nur die Ungerechtigkeit, sondern er lehnt sich aktiv gegen sie auf. Mit einer gesamten Ernte auf der Ladefläche seines Pick-up fährt die Vogelscheuche zurück in die Stadt, bereitet in einem Ladengeschäft aus seinen frischen Zutaten ein leckeres Gericht zu und verkauft das Essen genau zwischen zwei Ladengeschäften von Crow Foods. Der Spot endet mit einem Blick auf die Menschen in den Warteschlangen von Crow Foods, die sich nun lieber für die frischen Produkte unserer Hauptfigur entscheiden.

Die Vogelscheuche und ihr Schnellrestaurant stehen in dem Werbespot natürlich für Chipotle selbst, das in der Werbung auf sein Alleinstellungsmal aufmerksam macht, wonach bei Chipotle – im Gegensatz zur Konkurrenz – tatsächlich Bio-Gerichte angeboten werden. Die Muster der Archetypen, die unser Protagonist in der Geschichte ausdrückt, erscheinen uns außerdem glaubhaft und somit erfüllt die Story das wichtige Storytelling-Gebot der inhaltlichen Logik. Es macht für uns schlicht Sinn, dass ein Charakter, der der Natur „dient" an einem Punkt der Ungerechtigkeit auch als Aktivist seine Ärmel hochkrempelt und sich aktiv gegen das Unrecht zur Wehr setzt.

Beachten Sie bei diesem Beispiel ebenso, wie effektiv Ockhams Rasiermesser zur Anwendung gekommen ist: Die Geschichte fokussiert sich augenblicklich darauf, unserem Helden als Herod entgegen zu treten, sodass die Vogelscheuche sehr bald schon vor ihrer persönlichen Hölle steht und ihre Dilemma-Frage beantworten muss. Das Durchschreiten der Hölle ist ebenso auf die wesentlichen Elemente beschränkt und ist dabei beinahe schon zu kurz, um die hohe Spannung vom Beginn der Story zu halten. Achten Sie bei der Erzählung auch auf die Dinge, die nicht gezeigt werden: Die Geschichte zeigt uns nicht, woher die Vogelscheue plötzlich ihre erstaunlichen Fähigkeiten in Bezug auf die Zubereitung von Gerichten hernimmt; die Story erzählt uns ebenso wenig, wie sie – vermutlich im Verlauf von nur einem Tag – einen freien Verkaufsraum genau zwischen zwei Crow- Foods-Läden gefunden hat und wie die Vogelscheuche es eigentlich schafft, einen ganzen Laden alleine zu managen. Diese und andere Fragen – warum leben z. B. Vogelscheuchen unter Menschen? – werden von der Geschichte vernünftigerweise nicht beantwortet, denn die Beantwortung dieser Fragen ist für die Erzählung in keiner Weise von großer Bedeutung. Anders gesagt: Würden Sie diese Fragen in Ihrer Geschichte erklären, würden Sie wichtige Sekunden verschenken, die Sie nicht länger in den Kern Ihrer Geschichte investieren könnten.

Eine weitere Kombination an archetypischen Mustern in der Figur des Protagonisten sehen wir im Werbespot von Hunkemöller, dem Anbieter und Designer von Dessous, aus dem Jahr 2016 (Hunkemöller (YouTube) 2016). In der allgemeinen Bewerbung seiner Marke präsentiert sich Hunkemöller als archetypischer Hedonist und regt seine Kundinnen dazu an, durch seine erotische Mode zum „schönsten Ich" zu werden, das möglich ist (Hunkemöller 2017, S. 6). Im Werbespot verkörpert das niederländische Model Doutzen Kroes die Hedonistin in einem Fitnessraum in einer Lagerhalle. Kroes ist in diesem Spot als Hedonistin zu erkennen, da ihre Figur durch die Kamerafahrt geradezu zu unserer Bewunderung eingefangen wird. Zugleich zeigt uns das Video in mehreren Einstellungen, wie Kroes zu diesem beeindruckenden Ergebnis kommt: nämlich durch die Disziplin einer Athletin. Die Niederländerin boxt, hüpft Seil, joggt die Treppen des Gebäudes nach oben und kämpft sich durch Armtraining. Das Besondere an diesem Spot: das Video kommt weitgehend ohne Worte oder Texteinblendungen aus; allein zum Ende der Werbung hören wir die Stimme von Kroes, die auf ihre erste Modesport-Kollektion für Hunkemöller verweist, die sie in diesem Video bewirbt. Die archetypischen Rollen- und Verhaltensmuster, die wir mutmaßlich in unserem kollektiven Unbewussten gespeichert haben, werden in diesem Spot auch ohne Worte aktiviert.

Storytelling-Werbung können Sie natürlich auch ohne Videos machen, z. B. schlicht über eine Kampagne, die Sie auf Ihrer Webseite bewerben. Alnatura, Anbieter im Bereich Bio-Lebensmittel, nutzt beispielsweise diese Art von Storytelling auf seinem Webauftritt (Alnatura (o. J.)). Dort bewirbt das Unternehmen seine Alnatura Bio 7 Initiative, die sich u. a. dem (dienenden) Schutz von Ackerland verschreibt, sodass dieser frei vor chemischen Spritzmitteln, synthetischen Düngemitteln und dem Einsatz von Gentechnik bleibt. In einem weiteren Szenario präsentiert sich Alnatura als Diener seiner Kunden, indem sie ihnen bei den Endprodukten des Unternehmens Schutz vor intransparenten Deklarationen der Zutaten bietet. In einem dritten Szenario dient das Unternehmen den zuliefernden

Landwirten und bietet ihnen Schutz vor unfairem Handel. Insgesamt umfasst die Alnatura Bio 7 Initiative knapp 30 Kampagnen – die allesamt auf der Webseite einsehbar sind –, sodass der Bio-Lebensmittel-Anbieter zugleich ein ausgeprägtes Rollen- und Verhaltensmuster des Aktivsten porträtiert.

Für Ihre Geschichten können Sie auch die helle und die dunkle Seite eines Archetyps miteinander kombinieren. Der amerikanische Konzern General Electric – oder einfach GE – nutzte diese Kombination eines einzelnen Archetyps im Jahr 2013, um seine Software zu bewerben, die im Gesundheitssystem das „vernetzte Krankenhaus einführte (iSpot.tv (iSpot.tv-Video) 2013). Der Konzern engagierte hierfür Hugo Weaving, um im Spot seine ehemalige Rolle als Agent Smith einzunehmen, der in der *Matrix*-Filmreihe als persönlicher Satan von Neo auftauchte. In der Matrix-Trilogie sehen wir Smith zuerst als Software-Programm in Form einer Person in der Computer-Simulation Matrix. Diese spielt den Menschen ein Leben vor, ohne dass diese ahnen, dass sie in einem künstlichen Schlaf tatsächlich von Maschinen als Energiespender missbraucht werden. Smith scheint in den Filmen intelligenter und selbstbestimmter zu sein als die übrigen Agenten; einem Gefährten von Neo verrät er daher, dass er seine Verantwortung als Aufseher in der Matrix hasse, da er die Menschheit für einen Virus hält, der unkontrolliert alles zerstöre, was ihm in den Weg kommt. In den Teilen 2 und 3 der Serie lehnt sich Smith sogar gegen seine Programmierer, die Maschinen, auf, da er die Matrix nun als Gefängnis versteht, aus dem er auszubrechen versucht. Die Persönlichkeit der Figur besitzt demnach das archetypische Rollen- und Verhaltensmuster eines dunklen Herrschers, der seine Macht dazu benutzt zu zerstören, statt sie für Gutes einzusetzen.

Im Werbespot von GE betritt Agent Smith ein Krankenhaus, da ihn die GE-Software neugierig macht, die die Organisation benutzt. Verblüfft stellt Smith fest, dass die Software einen „Agenten des Guten" darstellt. Das Programm des Konzerns verbindet die Daten der Patienten mit dem Pflegepersonal, mit Ärzten und Maschinen – bei der Nennung von „Maschinen" gerät Agent Smith hörbar in Verzückung. Die Software ist dazu gedacht, als „gutmütiger Herrscher" das Krankenhaus zu kontrollieren, um Patienten besser helfen zu können. Anerkennend steht Agent Smith zum Ende des Spots im Wartesaal des Krankenhauses und verkündet, dass ein Wartesaal durch die verkürzten Wartezeiten nun nichts mehr als ein gewöhnlicher Raum sei. Im Werbespot scheint der Agent aus der Matrix die Menschheit doch nicht nur zu hassen – und somit zeigt Smith auch den Persönlichkeitsanteil eines guten Herrschers.

Mit dem gleichzeitigen Ausdrücken einer hellen und dunklen Archetypus-Seite können Sie selbstverständlich auch eine lange Geschichte erzählen, wie der Drehbuchautor Tom Kapinos seit 2016 mit seiner TV-Serie *Lucifer* beweist.

Der Protagonist Lucifer Morningstar – eine Anspielung auf den biblischen Namen Satans – kehrt in dieser Serie der Hölle den Rücken zu, um auf der Erde seine Gefühle und die der Menschen verstehen zu lernen. Lucifer nimmt hier nicht die Rolle des archetypischen Netzwerkers ein, wie wir in der Beschreibung der Archetypen bereits gesehen haben, sondern spielt zugleich den hellen wie den dunklen Rebellen. Lucifer schließt sich gleich in der ersten Episode der Detektivin Chloe Decker an, um zusammen mit ihr von Folge zu Folge Mordfälle zu lösen. Er tritt somit gegen das ungerechte „System" des Verbrechens in der Stadt Los Angeles an, gegen das er rebelliert. Wie ein typischer dunkler Rebell kennt Lucifer dabei aber seine Grenzen nicht, wie am Beispiel des Musikproduzenten Jimmy klar wird. Dieser lässt einen seiner weiblichen Stars umbringen, die in Lucifers Bar als Sängerin auftritt. Lucifer möchte Jimmy daraufhin nicht nur umbringen, sondern ihn auch quälen, wie er es aus Höllenzeiten gewohnt ist.

Wenn Sie berufliche Geschichten erzählen wollen, die sowohl die dunkle als auch die helle Seite eines Archetyps zum Ausdruck bringen, müssen Sie die Herausforderungen in Akt 2 Ihrer Geschichte größer und bedrohlicher gestalten; das bedeutet, dass Ihr Protagonist in seiner persönlichen Hölle sowohl Erfolge erzielen als auch Niederlagen einstecken muss, weil er von seinem dunklen Charaktermuster nicht wirklich ablassen kann. In den Köpfen Ihres Publikums müssen Sie die Frage besonders kontrovers gestalten, inwieweit die Herausforderungen in Akt 2 Ihrem Protagonisten tatsächlich die Kraft geben, sich am Ende von Akt 2 aus seiner Hölle zu befreien, um in sein Paradies eintreten zu können.

Erlauben Sie mir eine weitere Anmerkung zur TV-Serie *Lucifer*, damit Sie Ihre Geschichten mit feinen Details noch spannender für Ihr Publikum gestalten können: Sie haben in diesem Buch bereits am Beispiel von *Terminator 2* erfahren, wie wichtig die innere Logik Ihrer Geschichte ist, um das Interesse und sogar die Begeisterung Ihres Publikums zu wecken und aufrecht zu erhalten. Wenn wir in diesem Buch von „inhaltlicher Logik" sprechen, will ich bei diesem Thema im Wesentlichen auf einen Punkt hinaus: Sehen Sie, welche nächsten Schritte in Ihren Geschichten an jeder beliebigen Stelle Ihrer Story bereits angedeutet werden, und gehen Sie mit Ihrer Erzählung genau dort weiter. Diese „nächsten Schritte" müssen nicht zwangsläufig die Handlungen einer Ihrer Figuren sein, sondern sie können auch zur Gestaltung der Figuren und deren Umwelt gehören.

Wenn Sie also die Geschichte aus der TV-Serie *Lucifer* erzählen wollen würden, liegt der Schritt sehr nahe, Ihrem Protagonisten einen Namen zu verleihen, der auf seine diabolische Herkunft verweist – Lucifer Morningstar ist hierfür eine perfekte Wahl, wenn Sie sich in die Mythen des Alten Testaments eingelesen haben. Auch der Ort der Erzählung macht hervorragend Sinn, da Los Angeles auf

Spanisch „die Engel" bedeutet und Sie somit eine Anspielung auf die „gefallenen Engel" der Bibel besitzen. Abschließend prägt die Figur Lucifers ebenso die Persönlichkeit des Charakters der TV-Serie. Der Serien-Protagonist gibt sich nämlich auch den erotischen Leidenschaften des Lebens hin; die Serie spielt damit auf die Überzeugung evangelikaler Christen und erzkonservativer Katholiken an, die in unseren sexuellen Sehnsüchten die Versuchungen des Teufels am Werk sehen. Kurzum: Seien Sie „durch die Bank weg" logisch in dem, was Sie in Ihren Geschichten erzählen; Das gilt insbesondere dann, wenn Sie sich die künstlerische Freiheit nehmen, Ihre Geschichten in einem Genre zu erzählen, in dem Sie sich Namen und Charaktereigenschaften Ihrer Figuren bzw. Orte frei auswählen können.

Füllen Sie diese Elemente nicht willkürlich mit Inhalt aus, sondern wählen Sie die offensichtlichen Dinge aus, die sozusagen bereits unterschwellig in Ihrer Geschichte angelegt sind. Warum sollte der Protagonist in Lucifer z. B. Karl heißen und gerne Briefmarken sammeln? Sie bleiben mit dieser Technik innerhalb der typischen Muster, die wir Menschen laut Jung problemlos erkennen und verarbeiten können. Sie machen es Ihrem Publikum also noch einfacher, Ihrer Geschichte zu folgen – und führen darüber hinaus einen weiteren Vorteil in Ihre Geschichten ein: die offensichtliche und logische Weiterführung Ihrer Geschichten erkennen logischerweise nicht nur Sie, sondern auch Ihr Publikum. Wenn Sie Ihrer Zielgruppe regelmäßig wiederholend die Inhalte zukommen lassen, die sie erwarten, wecken Sie in ihnen das gute Gefühl, die Intelligenz zu besitzen, Ihrer Geschichte stets einen Schritt voraus zu sein.

Was Sie jetzt tun können
- Betrachten Sie sich noch einmal die Unternehmensgeschichte, die Sie am Ende von Kap. 3 geschrieben haben. Besitzt Ihr Protagonist mehrere archetypische Muster, und wenn nein: welche Möglichkeit sehen Sie, Ihrer Figur diese größere Tiefe zu verpassen?
- Mit welchem Namen, Umfeld und mit welchen Charaktereigenschaften haben Sie Ihren Protagonisten ausgestattet? Wie können Sie Ihren Hauptcharakter durch diese Elemente noch lebendiger machen?

Literatur

Alnatura: Alnatura Bio 7 Initiative. https://www.alnatura.de/de-de/ueber-uns/alnatura-bio-7-initiative/bio-7-punkte (o. J.). Zugegriffen 4. Mai 2017
Beckmann, J.P.: Wilhelm von Ockham. Beck, München (2010)

Literatur

Bobbi Brown Cosmetics: Be Who You Are (YouTube-Video). Veröffentlich am 24. Juli 2016. https://youtu.be/CELkBasQEwY (2016). Zugegriffen 4. Mai 2017

Chipotle Mexican Grill: The Scarecrow, (YouTube-Video). veröffentlicht am 11. September 2013. https://www.youtube.com/watch?v=lUtnas5ScSE (2013). Zugegriffen 4. Mai 2017

Fischer, E.P.: Schrödingers Katze auf dem Mandelbrotbaum: Durch die Hintertür zur Wissenschaft. Goldmann, München (2009)

Fishman, E.: How long should your next video be? Wistia. 5. Juni 2016. https://wistia.com/blog/optimal-video-length (2016). Zugegriffen 4. Mai 2017

Hunkemöller: Hunkemöller: Our Brand Journey. Februar 2017. https://hunkemoller.imageserve.nl/pdf/Brand%20Journey_GERMAN_Feb_2017.pdf (2017). Zugegriffen 4. Mai 2017

Hunkemöller International: Doutzen's Sports Collection by Hunkemöller, (YouTube-Video). Veröffentlicht am 27. Dezember 2016. https://www.youtube.com/watch?v=yhL47SR63aI&feature=youtu.be (2016). Zugegriffen 4. Mai 2017

iSpot.tv: General Electric TV Commercial 'Agent of Good' Featuring Hugo Weaving (iSpot.tv-Video). https://ispot.tv/a/7oJZ (2013). Zugegriffen 4. Mai 2017

Storytelling abseits von Marketing und Markenführung

6

> **Zusammenfassung**
>
> In diesem Kapitel sehen wir Beispiele für Storytelling von Geschäftsführern und dem Top-Management und betrachten, wie wir mit dem Archetypen-Spinnennetz unterschiedliche Archetypen managen können.

6.1 Der geschäftsführende Storyteller?

In diesem Buch haben Sie bereits Beispiele für Geschichten gesehen, die Sie als Geschäftsführer oder externer Berater einsetzen können. Diese Idee ist verhältnismäßig neu, da Storytelling in der Unternehmenswelt in der Regel als Werkzeug des Marketings und der Markenführung angesehen wird. Dieser Zusammenhang ist inzwischen auch bewiesen. Die Unternehmensberaterin Petra Sammer drückte es so aus: „Geschichten geben einen echten Mehrwert und ‚verkaufen' besser" (Sammer 2015, S. 7). Sammer lässt diesen Satz während des Nacherzählens eines Experiments fallen, dass die beiden Journalisten und Sprachwissenschaftler Joshua Glenn und Rob Walker durchgeführt haben. Nachdem sie auf Flohmärkten alte Gegenstände für wenige Dollar oder sogar nur wenige Cents erworben haben, ließen sie jeden Gegenstand mit einer emotionalen Geschichte von professionellen Autoren versehen. Diese mit Geschichten aufgeladenen Objekte stellten sie anschließend bei eBay ein. So erfanden die Autoren z. B. für einen verkauften Aschenbecher eine atemberaubende Spionage-Geschichte rund um das Pentagon, also das amerikanische Verteidigungsministerium.

Mit dieser Strategie verkauften die beiden Männer die Gegenstände für mehr als das Hundertfache ihres Einkaufspreises. Für Glenn und Walker war ihr Erfolg ein sicheres Indiz dafür, dass Storytelling einen wirtschaftlichen Mehrwert mit sich bringt (Sammer 2015, S. 6 f.). Im Endeffekt betreiben die beiden Männer mit ihrem Experiment eine großartige Markenkampagne und stillten mit dem Test das Bedürfnis von archetypischen „Abenteurern" und „Hedonisten" nach Intrige, Spannung und dem Gewissen, etwas Besonders – das so wahrscheinlich kein anderer Mensch besitzt – ihr Eigentum zu nennen.

Funktionieren Geschichten aber nicht nur als Marketinginstrument, sondern auch auf Führungsebenen und sind sie deshalb als Werkzeug für Geschäftsführer, das Top-Management, Abteilungsleiter, Berater und Projektleiter geeignet? An den Beispielen aus den vorgegangenen Kapiteln haben Sie bereits gesehen, dass dieses Buch diese Frage bejaht. Werden Geschichten auf dieser Ebene aber auch in der realen Welt auf diesen Führungsebenen angewandt? In diesem Kapitel möchte ich Ihnen anhand von Beispielen zeigen, dass auch dies der Fall ist.

Stephen Denning arbeitete in den 1990er Jahren auf Management-Ebene für die Weltbank. Während seiner Zeit bei der Organisation war er u. a. für das Veränderungsmanagement (Change-Management) des Institutes verantwortlich. Das bedeutet: Wie können Veränderungen in den Geschäftsprozessen und der täglichen Arbeit effektiv umgesetzt werden, wenn Trends, Übernahmen, veränderte Kundenwünsche oder das Erschließen von neuen Marktsegmenten dies notwendig machen? Laut Eigenaussage probierte Denning alle Methoden aus, Interesse und Begeisterung für Veränderungsprozesse zu wecken; sein Fazit: „Why Storytelling? Nothing else worked!" (Denning 2001, S. xiii). In Erinnerung ist Denning u. a. ein Fall aus dem Jemen geblieben, den er seinen Vorgesetzten als Geschichte vorgetragen hat, um nachhaltigen Wandel in einem wichtigen Arbeitsprozess der Weltbank anzustoßen.

Dennings Arbeitgeber verlieh ursprünglich Darlehen für Entwicklungsprojekte in den ärmsten Ländern dieser Erde. Mit der Zeit erweiterte die Weltbank allerdings ihr Aufgabenfeld und verstand sich im Zuge dessen auch als „Knowledge Broker", also als Vermittler von Informationen und Anwendungswissen, um in Entwicklungsländern mit diesen Erfahrungswerten Projekte schneller und effizienter umzusetzen (Denning 2001, S. 5). Diese Daten sammelte ursprünglich ein sogenanntes Task Team, das die gewonnenen Erkenntnisse in dem betreffenden Projekt zugleich umsetzte und das gesammelte Wissen des Projektes innerhalb des Teams dokumentierte. Wenn wir an unser Storytelling-Dreieck denken, bestand die Ungerechtigkeit dieser Geschichte darin, dass andere Task Teams, die von dem gesammelten Wissen ihrer Kollegen für ihre eigenen Projekte profitieren wollten, innerhalb der Weltbank nur unter großer Mühe an diese Erfahrungsschätze herankamen und bis zum Weiterleiten der Daten Wochen und Monate vergehen konnten (Denning 2001, S. 50). Denning und sein Team wurden damit beauftragt, eine entsprechende Änderung des Arbeitsprozesses, die das Vernetzen von Informationen deutlich effizienter machen würde, für die gesamten Entscheidungsträger der Weltbank interessant zu machen (Denning 2001, S. 4).

Das Team um Denning entschied sich zunächst für traditionelle Wege, um Begeisterung für das Veränderungsprojekt entstehen zu lassen: eine Kommission beschäftigte sich mit der Veränderung und ihren positiven Auswirkungen auf die Projekte und entwickelte einen 70 Seiten starken Endbericht. Niemand wollte den Text in der Weltbank allerdings lesen und so setzten die Kartons mit den Kopien des Berichts in Dennings Büro Staub an. Denning und sein Team erstellten daraufhin eine mit Informationen überladene Grafik, die veranschaulichen sollte, wie schnell Informationen nun von einem Task Team in das nächste gelangen konnten. Das Problem dieser Visualisierung wurde auch Denning klar, als er sich auf dem Diagramm eines Tages selbst nicht länger zurechtfand. Denning entschloss sich, auf diese ausufernden Fakten für seine anstehende Präsentation vor wichtigen Entscheidungsträgern der Weltbank zu verzichten. Stattdessen setzte er auf Storytelling und den emotionalen und stellvertreterhaften Vorteil, den diese Methode bietet (Denning 2001, S. 30).

Er erzählte den Entscheidungsträgern – die selbst Erfahrungen in Task Teams besaßen – die Geschichte eines Task Teams im Jemen, die vor Ort ein Bildungsprojekt vorantreiben. Das Team als Ganzes stellte in dieser Erzählung den Protagonisten dar und die Partner vor Ort dienten Denning in der Story als Herold. Die lokalen Ansprechpartner stellten dem Task Team konkret die Frage, wie sie ein effektiv funktionierendes Informationssystem für ihren staatlichen Bildungssektor etablieren könnten. Diese Frage des „Boten" führte das Task Team an die Schwelle ihrer persönlichen Hölle, denn trotz ihrer guten Vorbereitung auf den Einsatz übertraf diese Anfrage ihr Wissen um Längen. Das Task Team stand nun also vor einem Dilemma: sollte es die lokalen Projektverantwortlichen im Jemen zurücklassen, um zur Zentrale der Weltbank in Washington D.C. zurückzukehren und dort eine Anfrage zu den gewünschten Informationen zu stellen, oder sollte es einen Weg durch die Hölle von Akt 2 finden, um vor Ort den Partnern mit entsprechenden Informationen auszuhelfen? Als Gefährte in Akt 2 stand dem Task Team das Pilotprojekt der Weltbank zur Verfügung, das einen Teil des Erfahrungswissens anderer Task Teams bereits gebündelt vernetzt hatte und diese den Vertretern der Organisation an ihrem jeweiligen Einsatzort verfügbar gemacht hatte. Mit dieser Hilfe überwand das Task Team die Hölle von Akt 2 und konnte weiter vor Ort mit den jemenitischen Partnern das Informationssystem für den staatlichen Bildungssektor etablieren (Denning 2001, S. 49 f.). Die emotionale Stellvertreter-Geschichte von Denning legte in der Weltbank den Grundstein dafür, das Pilotprojekt auf die gesamte relevante Tätigkeit der Organisation auszuweiten (Denning 2001, S. 51).

Paul Smith, ein ehemaliger langjähriger Manager des Konsumgüter-Konzerns Procter & Gamble (P&G) stimmt mit Denning überein, dass Storytelling nicht ausschließlich als Werkzeug zum Verkaufen genutzt werden sollte, sondern auch dazu, um mit Geschichten Unternehmen zu führen (Smith 2012, S. 3). Diese Lektion lernte Smith laut Eigenaussage, als er als junger Manager bei P&G eine Präsentation vor dem Geschäftsführer des Konzerns halten sollte. Die Vorschläge, die Smith dem damaligen Geschäftsführer A.G. Lafley am Ende seiner Präsentation unterbreitete, übernahm der Konzernchef wohlwollend; allerdings konnte Smith nicht das Gefühl abschütteln, dass der Geschäftsführer von seiner Präsentation enttäuscht zu sein schien (Smith 2012, S. 9).

Nachdem Smith sich nochmals genau mit seiner Präsentation beschäftigte, kam er zu dem Schluss: Lafley vermisste in einer Präsentation mit und von einem Menschen den Dialog, den eine Geschichte über das Identifizieren von Protagonist und Publikum erstellen kann. Stattdessen hörte sich Smiths Präsentation vor dem Geschäftsführer und seinem Top-Management wie ein trockener Zahlenbericht an, der tagtäglich auf dem Schreibtisch des Konzernchefs landete. Smith nahm sich vor, seinen Fehler nicht noch einmal zu wiederholen, weil er ihn für gefährlich hielt. Smith argumentiert dabei ähnlich, wie wir dies im Verlauf dieses Buches bereits getan haben: Menschen, so Smith, geraten zu leicht in eine kritische Grundhaltung, wenn sie Informationen als Fakten präsentiert bekommen, die sie potenziell auch nicht in Gänze verstehen (Smith 2012, S. 9 f.).

Storytelling dagegen aktiviert in unseren Gehirnen Muster, die wir auf Anhieb verstehen, und die den kritischen Teil unseres Denkvermögens auf ein Minimum drücken. Storytelling – führt Smith weiter aus – funktioniert für ihn darüber hinaus wie viele ineinandergreifende Teile eines Puzzles, sodass sich aus den Szenarien einer Geschichte ein klares Bild von der Situation ergibt, von der Sie als Storyteller erzählen möchten. Zahlen, überladene Diagramme und inhaltlich ausufernde Berichte, die darüber hinaus durch eine schwierige Sprachwahl auffallen, können nicht die Klarheit schaffen, wie dies eine Geschichte tut (Smith 2012, S. 10). Für Smith ist dieses Merkmal von Geschichten deren wichtigste Eigenschaft, denn er stellt fest: Menschen haben keine Angst vor Veränderungen an sich, sondern vor dem unguten Gefühl, auf eine Veränderung nicht richtig vorbereitet zu sein. Die Eigenschaft einer „Trockenübung", die Storytelling umfasst, nimmt Menschen genau diese größte Angst (Smith 2012, S. 12).

Mit Storytelling besitzen Sie also auch die Möglichkeit, intern Ihr Personal zu führen. Colin Mitchell, ein ehemaliger Senior Partner der international bekannten Werbeagentur Ogilvy & Mather, empfiehlt hierfür das Erzählen von Geschichten an sogenannten Touch Points (Mitchell 2002); Mitchell meint damit sogenannte „Berührungspunkte" innerhalb eines Unternehmens – also digitale oder reale

6.1 Der geschäftsführende Storyteller?

Orte, die Mitarbeiter häufig aufsuchen. Als Beispiel für Storytelling unter diesen Bedingungen nennt er die amerikanische Bierbrauerei Miller Brewing Company. Das Unternehmen war daran interessiert, sein Personal, das direkt am Brauprozess beteiligt war, für den Unternehmensmythos zu begeistern, der für den Gründer der Firma von oberster Bedeutung war: konstant verbesserte Braukunst,.

Mit dem Vokabular dieses Buches gesprochen, war Miller daran gelegen, den Archetyp Innovator, für den das Unternehmen stand, auf das Persönlichkeitsverständnis seiner Mitarbeiter zu übertragen. Zu diesem Zweck bediente sich die Brauerei einem „stillen" Storytelling, das wir bereits im Fall der Hunkemöller-Werbung mit dem niederländischen Model Doutzen Kroes gesehen haben. Miller nutzte hierfür allerdings keine Videos, sondern lebensgroße Banner. Diese unübersehbaren Stoffstücke mit Abbildungen von tatsächlichen Mitarbeitern ließ das Unternehmen in seinen Brauereien aufhängen, um das aktuelle Personal als neue heldenhafte Innovatoren der Unternehmensgeschichte zu würdigen. Miller produzierte für seine Mitarbeiter außerdem Bücher, die sich dem Thema großartiger Braukunst widmeten, und ließ für die Angestellten außerdem T-Shirts drucken, die das Personal auch in ihrem Privatleben eindeutig als Mitarbeiter des Unternehmens auszeichnete. Wichtig für den Erfolg der Kampagne war, dass ihr eine intensive Befragung der Mitarbeiter voraus ging, die eindeutig ergab, dass sich das Personal mit dem archetypischen Bild des Innovators auch identifizieren konnte (Mitchell 2002).

Mit Storytelling besitzen Sie zudem die Möglichkeit, Entscheidungsträger zu führen, indem Sie deren zweites, anstelle ihres dominanten, archetypischen Musters ansprechen. Dr. Art Shriberg, der an der amerikanischen Xavier Universität BWL lehrte, erlebte eine solche Situation beim Auftritt eines Gastsprechers bei einer der Veranstaltungen seines Fachbereiches (Smith 2012, S. 95 f.). Der namentlich nicht genannte Gast verkörperte als Geschäftsführer eines Unternehmens den Archetyp Maverick, der jede staatliche Regulierung, die sein Unternehmen betraf, als ungerechte Beraubung seiner Freiheit verstand. Dasselbe Gefühl brachte den Geschäftsführer in Rage, als einer seiner Anwälte ihm riet, mehr Frauen und Minderheiten einzustellen, da er ansonsten Probleme mit der staatlichen Regulierungsbehörde bekommen würde. Der Maverick gab zwar dem Druck des Staates nach, aber er delegierte die Arbeit an sein Personalteam.

Der Geschäftsführer ließ sich von der neuen Personalpolitik allerdings über sein zweites archetypisches Muster – das des Athleten – überzeugen. Er zeigte seine Überzeugung für die neue Personalpolitik, als die US-Regulierungsbehörde zwei Jahre später die Regelungen bei der Einstellung von Frauen und Minderheiten wieder lockerte – aber der Geschäftsführer nichts unternahm, um die Strategie der Neueinstellungen in seinem Unternehmen zu verändern. Während er zugab, dass der Maverick-Archetyp sich immer noch inbrünstig dagegen wehrte, sich vom Staat Vorschriften machen zu lassen, erkannte er eine deutliche Leistungssteigerung durch die Frauen und Angestellten einer ethnischen Minderheit in seinem Unternehmen. Da ihn als Athlet Höchstleistung motiviert, besaß er keinen Grund, die unter diesen Gesichtspunkten erfolgreiche Personalpolitik zu verändern.

6.2 Im Spinnennetz der Archetypen

In unseren Theaterproben wenden wir Schauspieler eine einfache Technik an, um unsere Szenen glaubhaft zu machen: Wir warten, nachdem unser Bühnenpartner eine Handlung oder einen Satz ausgesprochen hat, lassen diese Handlung auf unseren Archetypen wirken und reagieren dann mit einer authentischen Emotion darauf. Unser Bühnenpartner wiederholt die Abfolge von Warten, Wirkenlassen und authentisch Reagieren, sodass eine Szene im Endeffekt dem immer gleichen Rhythmus von Agieren und Reagieren folgt (Breese 2013, S. 52). Mit dieser Technik verbannen wir die meisten unwesentlichen und uninteressanten Inhalte, die im Storytelling keine Rolle spielen sollten. Ich nehme in diesem Zusammenhang an, Sie haben noch von keiner Geschichte gehört, in der sich die Figuren über das Wetter unterhalten oder Stories austauschen, die sich beide bereits etliche Male erzählt haben. Vielleicht kennen manche von Ihnen solche Dialoge aus Erzählungen – in diesem Fall tragen diese Dialoge aber stets dazu bei, die Emotionen eines Charakters in die eine oder andere Richtung weiter zu beeinflussen. Sie sehen an diesem Punkt erneut einen Unterschied zum realen Leben: In Geschichten besitzt jede Szene bis hin zu einzelnen Sätzen einen Sinn, der mit dem Storytelling-Dreieck und der 3-Akt-Struktur in einem direkten Zusammenhang steht; währenddessen erleben wir in unserem realen Alltag immer wieder, dass wir eigentlich nur reden, um die Stille zu brechen oder von einem eigentlich wichtigen Thema abzulenken.

Charaktere tauschen sich also durch Taten und Worte konstant miteinander aus, um damit die Emotionen ihres Gegenübers zu beeinflussen. In Geschichten für Ihr Unternehmen beeinflussen Sie damit zunächst nur eine Person oder eine Personengruppe, wie Sie u. a. am Storytelling-Beispiel mit den Projektleiter-Mavericks gesehen haben. In einer Bühnengeschichte wie in einer beruflichen Erzählung sind die Verbindungen zwischen den Charakteren allerdings komplexer als das bisher hier Beschriebene; so kann z. B. ein Dialog zwischen zwei Figuren einen dritten Charakter betreffen oder in einer Szene kommen gleich mehrere Charaktere zusammen. Der beständige Rhythmus von Agieren und Reagieren

6.2 Im Spinnennetz der Archetypen

umfasst also weitere, komplexere Beziehungen als nur das Verhältnis zwischen zwei Figuren.

Betrachten wir hierzu nochmals das Beispiel der Maverick-Projektleiter; deren Unterstützung für die Standardisierungsprozesse wird durch eine Geschichte sichergestellt, in der die Mavericks einen wesentlichen Einfluss auf die Vereinheitlichung erhalten. Mit dem Begriff „wesentlicher Einfluss" sagen Sie indirekt allerdings, dass auch andere Stakeholder – also Personen, die von einer Entscheidung betroffen sind oder zumindest glauben, von ihr betroffen zu sein – ein Mitspracherecht bei der Standardisierung besitzen. Dies kann in unserem Beispiel zu Problemen führen. Denken Sie z. B. daran, dass sich unter diesen Stakeholdern auch ein archetypischer Rebell befinden kann. Dieser Rebell kann zu dem Schluss kommen, dass die Mavericks noch dafür belohnt werden, dass sie sich in der Vergangenheit emsig gegen jeden Standardisierungsversuch gewehrt haben – ungeachtet der wirtschaftlichen Konsequenzen für das Unternehmen. Für den Rebellen steht fest: Gegen dieses ungerechte System muss er sich auflehnen, damit Sie von Ihrem „Deal" mit den Projektleitern abrücken. Vielleicht steht der Rebell mit seiner Meinung alleine dar, vielleicht besitzt er aber auch ein Netzwerk an Unterstützern.

Zum Gremium, das über die Vereinheitlichung der Unternehmensprozesse entscheidet, kann aber z. B. auch ein archetypischer Narr gehören; dieser sieht ebenso eine Ungerechtigkeit in Ihrer Abmachung mit den Projektleitern und ist durch sein Rollen- und Verhaltensmuster dazu motiviert, Ihnen seine ungeschönte Meinung zu sagen und generell über den Vorfall in für Sie ungünstiger Weise zu reden. In der Folge entstehen in Ihrem Unternehmen unterschiedliche Wahrnehmungen von Realität: die Maverick-Projektleiter haben die Geschichte im Kopf, mit der sie einen wichtigen Teil ihrer Freiheit nur retten können, wenn sie sich einem Vereinheitlichungsprozess unterwerfen. In ihrer Wahrnehmung sind sie die Helden der Geschichte. In der Wahrnehmung des Rebellen und des Narren sind die Mavericks allerdings die Herolde der Ungerechtigkeit, die sie an ihre jeweilige persönliche Hölle bringen. Wenn eine solche Situation für Ihr Unternehmen realistisch ist, sollten Sie es selbstverständlich vermeiden, verschiedene wahrgenommene Realitäten in den Köpfen Ihres Personals zu schaffen. Halten Sie sich stattdessen auch in dieser Situation an den Grundsatz, dass Ihre Geschichte einen roten Faden besitzt – unabhängig von der Tatsache, in wie vielen wichtigen Köpfen diese Geschichte ankommt. Arbeiten Sie daher für Ihre internen (aber auch externen) Geschichten mit der Methode des Archetypen-Spinnennetzes.

Nachdem eine Spinne ihr Netz gesponnen und in dessen Mitte Platz genommen hat, ist sie durch die Vibration einzelner Fäden in der Lage, exakt festzustellen, welchen Teil des Netzes ein Lebewesen berührt hat. Durch die Vibration der

Fäden kann die Spinne außerdem erkennen, ob es sich bei dem Lebewesen um Nahrung, einen Feind oder vielleicht sogar um das Signal eines Fortpflanzungspartners handelt (NPR (YouTube) 2014). Lassen Sie sich von dieser Fähigkeit der Spinne inspirieren, um für Ihr berufliches Storytelling ein Werkzeug in der Hand zu haben, mit dem Sie den Einfluss Ihrer Geschichten auf verschiedene archetypische Stakeholder bildlich darstellen können. Bestenfalls besitzen Sie für das Archetypen-Spinnennetz die Archetypen-Karten, die ich in Abschn. 3.3 erwähnt habe, als Visualisierungshilfe.

In diesem Fall sollten Sie das Archetypen-Spinnennetz auf einem großen Tisch auflegen, da die Karten von Hartwell und Chen, die Sie bereits aus dem Unterkapitel 3.3 kennen, jeweils die ungefähre Größe eines Bierdeckels besitzen. Im gegenteiligen Fall können Sie einfach Haftzettel benutzen und den Archetypen jedes Stakeholders auf jeweils einen Zettel schreiben. Drücken Stakeholder eine Kombination aus zwei archetypischen Rollen- und Verhaltensweisen aus, kleben Sie die Haftzettel mit den beiden Archetypen bitte gut leserlich übereinander. Markieren Sie auf dem Tisch die Mitte des Spinnennetzes mit einem kleinen Gegenstand. Diese Mitte stellt zugleich Sie als Geschichtenerzähler dar. Stellen Sie sich vor, dass von dieser Mitte aus einzelne Fäden senkrecht, diagonal und horizontal ausgehen – wie bei einem Spinnennetz. Vergessen Sie dabei auch nicht sich vorzustellen, dass die einzelnen Fäden nicht nur mit der Mitte – also mit Ihnen –verbunden sind, sondern über die radförmigen Fäden des Spinnennetzes zugleich auch mit jedem anderen Faden in Verbindung stehen – also den anderen Archetypen (vgl. Abb. 6.1).

Platzieren Sie nun auf jedem der von der Mitte ausgehenden Fäden einen Archetyp; besitzen Sie die Unterstützung eines bestimmten Archetypus – bevor Sie damit beginnen, für Ihre Stakeholder Geschichten zu formulieren –, setzen Sie diesen bitte auf das „untere Ende" des Fadens in die Mitte. Sind Sie sich nicht sicher, ob Sie die Unterstützung des Archetypus besitzen, platzieren Sie ihn bitte auf die Mitte des Fadens. Legen Sie einen Archetypus auch dann auf die Mitte des Fadens, wenn er sich neutral zu Ihnen verhält. Archetypen hingegen, die Ihnen die Unterstützung versagen, ordnen Sie bitte am „oberen Ende" des Fadens ein, die weiteste Entfernung zu Ihnen.

Betrachten Sie sich nun die Archetypen, die am weitesten von Ihnen in der Mitte entfernt sind und entscheiden Sie: Ist die Unterstützung dieser Archetypen für Ihre berufliche Entscheidung wichtig? Nehmen wir an, Sie beantworten diese Frage mit einem Nein. Das bedeutet, dass Sie diese Archetypen entweder nur über Ergebnisse informieren oder aktuell überhaupt nicht mit ihm kommunizieren. In jedem Fall agieren Sie und dieses Agieren löst in dem Archetypus eine Reaktion aus. Fragen Sie sich deswegen: löst die Reaktion des Archetyps

6.2 Im Spinnennetz der Archetypen

Abb. 6.1 Mögliche Anordnung des Archetypen-Spinnennetzes mit Abenteurer, Souverän und Narr

auch Vibrationen auf den Fäden der anderen Stakeholder aus? Aktiviert z. B. Ihre Entscheidung einen Beschützer-Archetyp, der das Unternehmen als seine Familie ansieht und Ihre Entscheidung zur Nicht-Kommunikation gegenüber einem anderen Archetyp als respektlos betrachtet? Der Beschützer entfernt sich dann auf seinem Faden weiter von der Mitte weg und Sie müssen entscheiden, ob Sie Ihre ursprüngliche Entscheidung noch einmal überdenken wollen.

Gehen wir erneut zurück zur Ausgangslage. Sie können bei Ihrer Betrachtung der außen platzierten Archetypen auch zu der Entscheidung gelangen, dass es sehr wohl wichtig ist, dass einer dieser Stakeholder von Ihrer beruflichen Absicht überzeugt werden muss. In diesem Fall sind wir erneut bei der Situation rund um die Maverick-Projektleiter. Wenn Sie die Projektleiter also mit einer Geschichte für Ihr Vorhaben überzeugen wollen, die allerdings andere Archetypen vor den Kopf stößt – wie im Beispiel am Anfang von Abschn. 6.2 –, rücken Sie zwar die Mavericks auf dem Faden näher zu sich, gleichzeitig stoßen sich andere Stakeholder auf ihren jeweiligen Fäden weiter von Ihnen weg. Dabei kann es passieren, dass Archetypen bereits vor Ihrer Entscheidung am äußersten Rand platziert waren und sich nun über den Rand hinaus von Ihnen entfernen – was Sie mit drastischen Reaktion seitens der Archetypen, wie einer Kündigung, gleichsetzen können. Finden Sie aber alternativ eine Geschichte, die sowohl die Mavericks überzeugt als auch andere Archetypen, rückt jeder der Stakeholder auf seinem jeweiligen Faden wieder näher zu Ihnen in die Mitte.

Der offenkundige Vorteil des Archetypen-Spinnennetzes liegt in der Visualisierung der Verbindungen zwischen Ihnen und den Stakeholdern, vor allem wenn Sie mehrere „Charaktere" mit Geschichten begeistern wollen. Ein zweiter wesentlicher Vorteil dieser Technik ist die einfache Möglichkeit, in einem Team an Geschichten für die diversen Stakeholder zu arbeiten. Immerhin besitzen Sie als Storyteller, auch wenn Sie der Geschäftsführer eines Unternehmens sind, nicht den kompletten und lückenlosen Überblick über die Geschehnisse und archetypischen Rollen- und Verhaltensmuster in Ihrer Organisation. Aus diesem Grund ist es sinnvoll für Sie, sich Hilfe und weitere Einschätzungen durch ein Team zu holen, was die archetypische Einordnung von Stakeholdern und deren wahrscheinliche Reaktion und ihren Einfluss auf andere Interessensgruppen anbelangt.

Was Sie jetzt tun können
- Füllen Sie das Archetypen-Spinnennetz mit Stakeholdern, die in Ihren Geschichten relevant sind.
- Prüfen Sie, welche Geschichten welche Einflüsse auf Ihre Stakeholder ausüben.

Literatur

Breese, S.: On acting: A handbook for today's unique american actor. Focus, Indianapolis (2013)
Denning, S.: The springboard: How storytelling ignites action in knowledge-era organizations. Routledge, Abington (2001)
Mitchell, C.: Selling the Brand Inside, Harvard Business Review, Ausgabe: Januar 2002. https://hbr.org/2002/01/selling-the-brand-inside (2002)

NPR: Spiders Tune Their Webs Like Guitar | SKUNK BEAR, (YouTube-Video), 09. Juni. https://www.youtube.com/watch?v=0EkEsTafD38 (2014). Zugegriffen: 4. Mai 2017

Sammer, P.: Storytelling: Die Zukunft von PR und Marketing, S. 2015. O'Reilly Verlag, Heidelberg (2015)

Smith, P.: Lead with a story: A guide to crafting business narratives that captivate, convince and inspire, S. 2015. McGraw-Hill Education, New York City (2012)

Cliffhanger-Geschichten in der Social-Media-Welt 7

> **Zusammenfassung**
> Cliffhanger lassen Geschichten an besonders wichtigen Punkten enden und teilen die 3-Akt-Struktur auf mehrere Teilgeschichten auf. In diesem Kapitel lernen wir den Einsatz von Cliffhangern in Social-Media-Geschichten kennen und wie Sie Szenen und Beats im Storytelling verstehen können.

7.1 Die zersplitterte 3-Akt-Struktur

TV-Serien, die wir z. B. aus den 1980er und 1990er Jahren kennen, kamen inhaltlich nicht wirklich vorwärts. Denken Sie beispielsweise an die *Simpsons,* die bereits seit 1989 im amerikanischen Fernsehen zu sehen sind. Die Zeichentrick-Serie, die u. a. die Familie von Tollpatsch Homer Simpson umfasst sowie den geldgierigen Mr. Burns und den extrem kurzsichtigen Rentner Hans, zeigt praktisch keine Charakterentwicklung in den mittlerweile über 28. Staffeln. Im Gegenteil wird die Umwelt, in der die Geschichte der Simpsons erzählt wird, am Ende einer Episode immer wieder in den Anfangszustand zurückgesetzt. Dasselbe Prinzip galt für die TV-Serien *Eine schrecklich nette Familie, Knight Rider* oder das *A-Team.*

Die Serien der Gegenwart verlaufen in der Regel nicht länger nach diesem Muster; stattdessen platzieren die Drehbuchschreiber von aktuellen TV-Serien einen sogenannten „Cliffhanger" am Ende einer jeden Episode, der einen besonders spannenden Moment in der Entwicklung der Geschichte darstellt. Eine der bekanntesten Serien, die diese Methode nutzt, ist die politische Action-Serie *24,* die bis zum Jahr 2014 die Abenteuer von Jack Bauer (Kiefer Sutherland) erzählte. Die Serie, die in Echtzeit in der Regel die Ereignisse eines ganzen Tages erzählte, setzte etwa in der 57. min einer jeden einstündigen Episode z. B. einen archetypischen Herold ein, um der Geschichte eine neue, spannende Wendung zu geben. Am intensivsten Punkt dieser neuen Spannung riss die Episode ab, um eine digitale Stundenuhr zu zeigen, die die letzten drei Sekunden bis zur vollen Stunde hochzählte. Das Fernsehpublikum musste sich danach eine weitere Woche gedulden, bis die auch die nächste Folge mit eben demselben Muster schloss. Das Ende einer Staffel zeigte einen emotional besonders starken Cliffhanger, woraufhin die Fans der Serie ein ganzes Jahr bis zur Auflösung des neuen Spannungsmomentes warten mussten.

Die 3-Akt-Struktur ist in TV-Serien folglich zersplittert, das heißt: pro Episode sehen wir nicht eine komplette Geschichte, die sich von Akt 1 bis Akt 3 erstreckt, sondern einen kleinen Ausschnitt des jeweiligen Aktes, in dem wir uns als Zuschauer momentan befinden. Erst nach etwa einem Drittel einer jeden TV-Serie mit Fortsetzungscharakter wechseln wir von Akt 1 in Akt 2 und erst beim Eintreten in das letzte Drittel der Staffel erreichen wir Akt 3 der Geschichte. Diese Art, Geschichten zu erzählen, kann für Sie interessant sein, wenn Sie Storytelling in sozialen Netzwerken wie Twitter, Facebook oder LinkedIn durchführen möchten. Immerhin sind für den Auftritt Ihres Unternehmens in den sozialen Medien zwei Dinge entscheidend: erstens benötigen Sie wiederkehrend neuen – und bestenfalls spannenden – Content, mit dem Sie Ihre Kanäle füllen können, und zweitens besitzen Sie ein Interesse daran, dass Ihr Publikum regelmäßig auf Ihre Kanäle zurückkehrt, um auf dem neusten Stand bezüglich Ihrer Produkte, Dienstleistungen oder Botschaften zu sein. So gesehen machen vollständige Geschichten in der Welt der sozialen Medien weniger Sinn als Cliffhanger-Geschichten, da eine komplette Story nur ein Posting auf Twitter oder einem anderen Kanal benötigt, Sie mit Fortsetzungsgeschichten allerdings zehn, 20 oder mehr Inhalte erstellen können.

Ihre Frage ist wahrscheinlich nun: wie zerteile ich meine kompletten Geschichten sinnvoll mit mehreren Cliffhangern? Betrachten wir uns dazu zunächst die Struktureinheiten von Geschichten, die kleiner sind als ein Akt. Die Definition eines Aktes kennen wir schon: in diesem Buch haben wir jeden Akt einer „Welt" der Geschichte – also Erde, Hölle und Paradies – zugeordnet. So gesehen ist ein Akt ein großer Sinnabschnitt, der im Theater mit dem Fallen des Vorhangs endet. Der Akt ist zugleich die größte Sinneinheit innerhalb einer kompletten 3-Akt-Geschichte. Die kleinste Sinneinheit ist dagegen der sogenannte „Beat", den Sie bitte nicht mit demselben Begriff aus der Musiktheorie verwechseln dürfen. Dass Schauspieler trotzdem auch von „Beats" sprechen, ist ein amüsanter Zufall. Der Begriff stammt vom russischen Schauspiellehrer Konstantin Sergejewitsch Stanislawski, der nicht nur in der Sowjetunion seinen Schülern die Theaterkunst beibrachte, sondern auch international Kurse anbot. Stanislawski sprach passenderweise Englisch, allerdings mit starkem Akzent. Das Wort, mit dem er seinen Schülern die kleinste Struktureinheit einer Geschichte erklären wollte, lautete eigentlich „Bit"; durch seinen ausgeprägten Akzent verstanden einige seiner Schüler allerdings das Wort „Beat". Der Verständnisfehler blieb im Gedächtnis seiner Schüler haften, und so sprechen wir auch heute noch vom Beat als kleinste Einheit einer Erzählung (French und Bennett 2016, S. 158).

Für Stanislawski stellte jede Veränderung der Gefühlslage eines Charakters innerhalb einer Szene (zu Szenen gleich mehr) einen Beat dar. Erinnern Sie sich an diesem Punkt an das, was wir im vorangegangenen Abschn. 6.2 über Geschichten gesagt haben: Stories folgen im Endeffekt stets dem gleichbleibenden Rhythmus von Agieren und Reagieren, wobei jede Aktion und Reaktion mit einer Emotion verbunden sind. Verändert ein Charakter in diesem wiederkehrenden Geben und Nehmen seine Emotion zu einer anderen Figur oder einer Situation, sprechen wir von einem Beat.

Einen schönen Beat-Wechsel sehen wir z. B. am Ende des ersten *Matrix*-Teils. Im Endkampf zwischen Agent Smith und Neo innerhalb der Matrix erschießt Smith Neo, sodass der Protagonist auch in der Realität seinen Schusswunden erliegt. Die Geschichte scheint in einer Tragödie zu enden, da es aussieht, als habe Neo gegen seinen persönlichen Satan nicht die Kraft aufbringen können, um diesen zu überwinden. Neos Gefährten, darunter Morpheus, sind zusammen mit den Zuschauern geschockt. Der Beat beginnt hier. Trinity allerdings, die in Neo verliebt ist, glaubt an die Prophezeiung, wonach Neo dazu auserwählt ist, die versklavte Menschheit von den Maschinen zu befreien; mit einem Kuss holt sie Neo zurück von der Schwelle des Todes. Smith und seine Mit-Agenten versuchen Neo daraufhin erneut zu töten, doch Neo nimmt die Situation wie in Zeitlupe wahr und bringt die Kugeln erst zum Stehen und dann zum plötzlichen Absturz. Die Agenten und Neos Gefährten sind sprachlos; der Beat endet und ein neuer beginnt.

Eine Szene hingegen umfasst nun einen bestimmten Ort zu einer bestimmten Zeit, an dem Charaktere miteinander Agieren und Reagieren (Goldman 2012, S. 130 f.). Im Fall von Matrix bildet der Endkampf, beginnend an der U-Bahn-Station bis hin zur Zerstörung von Agent Smith, einen zusammenhängenden Ort (sowie eine zusammenhängende Zeiteinheit), sodass der Endkampf zugleich eine Szene darstellt.

Für Ihre Cliffhanger-Geschichten macht es daher am meisten Sinn, einen Cliffhanger an einem besonders emotionalen Beat zu setzen. Bedenken Sie dabei, dass dieser Beat nicht zugleich das Ende einer Szene darstellen muss – für einen Cliffhanger können Sie eine Szene auch an einem Beat „abschneiden".

Ein besonders emotionales Beispiel hierfür sehen wir im Film *The Wrestler* aus dem Jahr 2008 mit Randy „The Ram" Robinson (Mickey Rourke) in der Rolle des Protagonisten. Randy ist ein professioneller Wrestler, der allerdings noch 20 Jahre nach seiner Glanzzeit Showkämpfe abhalten muss, um seinen Lebensunterhalt zu verdienen; diese finden aber in Turnhallen anstelle in riesigen Arenen statt. Die jahrzehntelange Tortur, die Randy seinem Körper im Ring angetan hat, endet nach einem sogenannten „Hardcore-Match" mit einem Herzinfarkt, den Randy nur knapp überlebt. Seine Ärzte verbieten ihm, weiter in den Ring zu steigen, da sein nächster Showkampf der letzte sein könnte. Der depressive Randy schafft es, sich ein neues Leben abseits des Wrestlings aufzubauen, allerdings nur, weil er erneut Kontakt zu seiner entfremdeten Tochter herstellen und eine wackelige Beziehung zur Stripperin Cassidy aufbauen kann.

Die Verbindung zu beiden Frauen bricht allerdings wieder in sich zusammen, sodass Randy den Willen verliert, an seinem Leben etwas zu ändern. In seinem mental und körperlich instabilen Zustand sagt Randy ein letztes Wrestling-Match gegen den größten „Rivalen" seiner Glanzzeit an. Cassidy versucht, Randy in der Arena von seinem Plan abzubringen und steht – nachdem sich Randy nicht überreden lässt – während des Schaukampfes sorgenvoll im Publikum. Während des choreografierten Kampfes zeigen sich erneut Randys massiven Herzprobleme – der Beat beginnt hier –, was auch dem Ringrichter und seinem Kontrahenten auffällt, der anbietet, den Schaukampf frühzeitig zu beenden. Randy lehnt ab, da er sich nur noch unter den Fans, die ihn frenetisch anfeuern, geborgen fühlt. In der letzten Aktion des Kampfes, als Randy kurz auf dem obersten Ringseil steht, um seinen Gegner mit einem Wrestling-Manöver von den Seilen aus zu besiegen, blickt Randy nochmals ins Publikum – in der Hoffnung, dort noch Cassidy zu sehen. Diese ist aber mittlerweile verschwunden. Randy ist nun endgültig ein gebrochener Mann, und während er vom obersten Ringseil auf seinen Gegner springt, wandelt sich die Leinwand für uns in komplettes Schwarz. Der hochspannende Beat, in dem wir uns gerade inmitten dieser letzten Szene des Films befinden, wird niemals beendet.

7.2 Möglichkeiten einen Cliffhanger zu setzen

Einen hochemotionalen Beat, wie in diesem Beispiel, finden Sie in jedem der drei Akte einer Geschichte. Nach dem emotionalen Einstieg in Akt 1, der in uns Zuschauern Spannung über die Ungerechtigkeit in der Story erzeugt, besitzen Sie das erste Mal die Möglichkeit, einen emotionalen Cliffhanger zu setzen. Betrachten wir hierzu nochmals den emotionalen Einstieg in den Film *Terminator 2:* am

Beginn der Geschichte besitzt das Publikum eine neutrale Haltung zur Erzählung. Der Beat beginnt mit der ersten Szene der Geschichte: Wir sehen eine zusammengestürzte Brücke in der Nacht, menschliche Körper, die zu Skeleten verwest sind, und die totale Verwüstung der Umgebung. Unser Gehirn verarbeitet diese Eindrücke zu dem bekannten Muster von Krieg und Zerstörung; und da in unserem Gehirn sowohl beim Sehen als auch beim Erleben von Ereignissen dieselben Hirnareale aktiviert werden, spüren wir einen Anflug von Angst.

Der erste Beat der Geschichte beginnt. Die Stimme der Figur Sarah Connor klärt uns Zuschauer über die Ereignisse auf, die zu dieser schrecklichen Situation geführt haben, und die Angst in uns verstärkt sich, als unerwartet der Fuß einer Maschine auf einen am Boden liegenden Knochenschädel niederfährt. Der Krieg zwischen der Menschheit und den Maschinen wird gezeigt und nach einigen Minuten erblicken wir eine Figur, vor der die geschundenen menschlichen Soldaten ehrfürchtig salutieren. Wir erkennen das archetypische Bild des Rebellen. Respekt – und diesem Zusammenhang auch Hoffnung – machen sich auch in uns Zuschauern breit, und zusammen mit dem Emotionswechsel beginnt der zweite Beat der Geschichte. Wir sehen nun den erwachsenen John Connor als Anführer des Widerstandes und die Stimme von Sarah Connor – seiner Mutter – erklärt uns, dass Skynet eine Maschine in die Vergangenheit geschickt hat, um ihn zu töten. Unsere Stimmung wechselt in Sorge und der dritte Beat der Geschichte beginnt. Die Szene ist mit dieser Erklärung von Sarah Connor vorbei und in nur dieser einen Szene, die gerade einmal 2:45 min dauert, hat die Geschichte das archetypische Rebellenmuster fest etabliert: wir haben den Rebellen gesehen, wir haben gespürt, wie die Ungerechtigkeit in Form eines versklavenden und Krieg führenden Systems aussieht, und zugleich die Gefahr, die von dem System für den Rebellen ausgeht. Der dritte Beat, der durch unsere Sorge um John Connor eingeleitet wurde, wird darüber hinaus mit einem Cliffhanger unterbrochen. Wir hören die legendäre Titelmusik des Films und müssen uns in Anspannung gedulden, wie die Geschichte weitergeht.

Einen weiteren emotionalen Beat, den Sie für einen Cliffhanger in Ihrer Geschichte verwenden können, finden Sie im Auftauchen des Herolds, der die Ungerechtigkeit der Geschichte in den gewohnten Alltag des Helden trägt. Zu diesem Zeitpunkt sollten Sie mit Ihrer Erzählung bereits erreicht haben, dass Ihr Publikum Sympathie für Ihren Protagonisten empfindet, sodass der Einbruch der Ungerechtigkeit über die Hauptfigur Ihr Publikum emotional anspricht und verändert. Das Auftauchen des Herolds zieht die Identifikationsfigur Ihres Publikums bekanntlich an die Schwelle ihrer persönlichen Hölle, sodass Sie bei der Dilemma-Frage Ihres Protagonisten den nächsten Cliffhanger setzen können. Ihr Publikum bleibt dann mit der offenen und spannenden Frage zurück: wie wird sich die Hauptfigur entscheiden?

Tritt der Protagonist Ihrer Geschichte in die Hölle von Akt 2 ein, erreichen Sie bald erneut einen Punkt, um einen Cliffhanger zu setzen; eine solche Gelegenheit ergibt sich insbesondere, wenn der Protagonist zu Beginn von Akt 2 alleine in einem Meer von Herausforderungen zu ertrinken droht. Leider sehen wir diese spannungsfördernde Hilflosigkeit des Helden nicht häufig in Filmen. In den ursprünglichen drei Filmen der *Star-Wars*-Saga kennt der Protagonist Luke Skywalker schon sehr schnell seinen Gefährten Obi Wan Kenobi, zu Beginn von Akt 2 in *Matrix* kennt Neo ebenso schon seine Gefährten und in George Orwells *1984* kennt der Protagonist Winston Smith mit Julia bereits eine Weggefährtin im Kampf gegen den „Großen Bruder". Stellen Sie sich die Spannung dieser Geschichten vor, wenn sich keiner der Protagonisten am Beginn von Akt 2 auf die Hilfe einer anderen Figur stützen könnte. Die Hölle scheint an dieser Stelle am schwärzesten zu sein.

Beachten Sie, dass Sie bewusst keinen Cliffhanger setzen sollten, wenn die Emotion der Hoffnung zu sehr überwiegt. Den Grund sehen wir Schauspieler stets bei Auftritten, bei denen wir mehrere Fortsetzungsgeschichten gleichzeitig durchspielen und unser Publikum entscheiden lassen, welche Geschichten sie weitersehen möchten und welche nicht. In fast allen Fälle hat das Publikum genug von den Geschichten, die mit einem stark hoffnungsvollen Cliffhanger enden. Der Grund hierfür ist aus unserer Sicht logisch: die Geschichten wirken auf diese Weise bereits abgeschlossen. Wenn die fertige Lösung schon am Horizont erscheint, obwohl die Geschichte sich noch am Anfang oder inmitten von Akt 2 befindet, besitzt das Publikum kein spannungsgeladenes Interesse mehr, der Geschichte emotional zu folgen.

In Akt 2 können Sie selbstverständlich auch Cliffhanger setzen, wenn Ihr Protagonist und seine Gefährten eine neue Herausforderung in der Hölle überwinden wollen. In diesem Fall wecken Sie in Ihrem Publikum die spannungsgeladene Frage: Wird der Protagonist die Herausforderung überstehen oder nicht? Die Idee, an diesen Stellen Cliffhanger zu setzen, ist offenkundig. Ein geschickter Zug von Ihnen ist es darüber hinaus, in Akt 2 einen sogenannten „falschen Sieg" bzw. „eine falsche Niederlage" in Ihre Geschichte einzubauen. Ein „falscher Sieg" ist eine Situation in Akt 2, die sich für den Protagonisten wie ein Erfolg anfühlt, in Wirklichkeit aber keiner ist. Entweder deutet der Protagonist die Situation komplett falsch oder er übersieht eine wesentliche Information, die für einen wirklichen Erfolg allerdings unerlässlich ist. Einen falschen Sieg in einer beruflichen Story kann eine erfolgreiche Produktschulung Ihrer Vertriebspartner darstellen. Der Protagonist – nehmen wir an, es handelt sich um den Vertriebsleiter – kann vom inhaltlichen Aufbau der Schulung begeistert sein und ein gutes Gefühl bezüglich der Reaktionen der Teilnehmer bekommen. Die Hauptfigur gibt

7.2 Möglichkeiten einen Cliffhanger zu setzen

sich daher der Freude eines „falschen Sieges" hin und stellt erst später fest, dass eine erfolgreiche Schulung noch keine gute Kommunikation der Partner bei deren Kunden bedeutet.

Nachdem Sie als Storyteller von der ersten weiterbestehenden Hürde erzählt und somit den Sieg als „falsch" entlarvt haben, haben Sie die Möglichkeit, einen Cliffhanger zu setzen. Dieselbe Möglichkeit besitzen Sie bei einer „falschen Niederlage", die sich in Akt 2 anfühlt, als sei der Protagonist endgültig gescheitert, obwohl er noch eine Möglichkeit des Vorankommens in seiner Hölle besitzt (Snyder 2005, S. 82 ff.). In Ihren beruflichen Geschichten kann Ihre Hauptfigur eine „falsche Niederlage" in einer niederschmetternden Analyse zu Ihrem Unternehmen sehen. Vielleicht hat eine Zeitung tief gehende Recherchen zu Ihrem aktuellen Fiasko bei der neusten Produkteinführung angestellt und den Fehler in einer völlig verfehlten Konzernstrategie ausgemacht. Als Verantwortlicher lesen Sie diesen Bericht und kommen erschrocken zu dem Ergebnis: die Analysen in dem Text sind korrekt. Wenn diese Situation als Geschichte erzählt wird, besitzen Sie die Möglichkeit, die Story hier in einer Tragödie enden zu lassen. Alternativ können Sie an diesem Punkt der Erzählung aber auch die „falsche Niederlage" aufdecken, da sich die Führung des Unternehmens genau dieser niederschmetternden Analyse gestellt und die Organisation durch die Ergebnisse des Berichtes auf einen neuen besseren Weg geführt hat.

Am Ende von Akt 2, wenn Ihr Protagonist sich seinem persönlichen Satan stellen muss und die Hauptfigur endgültig zeigt, ob sie genug Kraft für den Aufstieg in das Paradies besitzt, bietet sich die nächste Gelegenheit für einen Cliffhanger. Angenommen, Sie erzählen von einem Team, das eine innovative Idee in Ihrem Unternehmen umsetzen wollte. Sie zeigen den Zuschauern also im zweiten Akt, wie die Mitarbeiter mit der Ablehnung von einem Teil des Top-Managements umgehen, wie ihnen Vorgesetzte den Mut für die realistische Umsetzung der Innovation nehmen und dem Team bewusst Steine in den Weg legen. Die archetypischen Innovatoren meistern dennoch jede dieser Hürden und erstellen eine Präsentation mit einem Prototyp, den sie bei einem großen Meeting vorstellen sollen. Bei dieser Gelegenheit wird sich entscheiden, ob die Innovation tatsächlich in die Unternehmensprozesse integriert wird. Unmittelbar bevor die Innovatoren den Meeting-Raum betreten, um sich ihrem Satan zu stellen, können Sie den Beat abbrechen und ihn für einen Cliffhanger nutzen.

Die Gelegenheit für einen Cliffhanger ergibt sich in diesem Beispiel ebenso kurz vor dem Moment, an dem der Geschäftsführer seine Entscheidung verkündet. Nach diesem Punkt haben Sie die Möglichkeiten, Cliffhanger zu setzen, bis auf eine verbleibende Chance ausgeschöpft; dem ist so, weil Sie bei einer positiven Entscheidung des Geschäftsführers unverzüglich zum Eintritt in das Paradies übergehen. In diesem dritten Akt besteht die Ungerechtigkeit der Geschichte nicht länger und der Protagonist kann frei von der Einschränkung zu leben, die sein Leben in der Hölle von Akt 2 bestimmt hat. Die einzige Möglichkeit für einen Cliffhanger, die Ihnen dann bleibt, ist erneut das Anwenden eines „falschen Sieges".

Im Film sehen Sie diesen finalen „falschen Sieg" z. B. in *Terminator 3*. In dieser Geschichte rettet die Maschine T-800 (Arnold Schwarzenegger) den mittlerweile erwachsenen John Connor vor einem erneuten Mordversuch von Skynet. Die Story besitzt die zusätzliche Dramatik, dass die gewohnte Welt der Menschheit am Tag der Erzählung enden und der Nuklearkrieg zwischen Mensch und Maschine beginnen wird. Connor und die Maschine versuchen in Akt 2, zu Skynet vorzudringen, bevor der bereits aktivierte Computer sich gegen die Menschheit stellt. Am Ende von Akt 2 überwindet Connor mithilfe des T-800 den Satan von Akt 2 – die Maschine, die Connor töten sollte – und dringt in einen Militärkomplex vor, in dem mutmaßlich der Prozessorkern von Skynet steht. In diesen letzten Minuten des Films stellt sich allerdings heraus, dass Skynet keinen festen Ort als physikalischer Computer besitzt, sondern als Software-Programm im Cyberspace funktioniert. In der Folge hat John Connor Akt 2 zwar erfolgreich überwunden, aber der Eintritt in das Paradies stellte sich als Illusion heraus. Während wir Zuschauer in der Geschichte zu sehen bekommen, wie der Nuklearkrieg von Skynet gestartet wird, realisieren wir, dass Connor am Ende der Story nur einen „falschen Sieg" errungen hat. Der Abspann ist zugleich der letzte große Cliffhanger des Films.

Wir sind nun die drei Akte einer Geschichte durchgegangen, um an unveränderlichen Punkten dieser Struktur – wie z. B. beim Versuch des Protagonisten von Akt 2 in Akt 3 zu gelangen – die Möglichkeiten eines Cliffhangers zu beschreiben. Ich möchte Ihnen abschließend zu diesem Thema zwei Situationen in einer Geschichte nennen, die in Ihrer Erzählung vorkommen können, aber nicht müssen, und wie Sie an diesen jeweiligen Stellen einen Cliffhanger einbauen können. Die erste Erzählstruktur nennt sich „Flashback" und beschreibt eine Rückblende. Gemeint ist ganz konkret eine Szene, die vor Akt 1 geschehen ist und die das Publikum demnach nicht kennt. In einer Abwandlung des Beispiels um die Maverick-Projektleiter aus Abschn. 3.4 können Sie beispielsweise davon erzählen, wie ein archetypischer Narr davon erfährt, dass die Mavericks einen wesentlichen Einfluss darauf erhalten sollen, wie die künftige Standardisierung der Projektprozesse aussieht. Sie können an dieser Stelle – aus der Sicht des Narren – in kurzen Rückblenden von der Ungerechtigkeit erzählen, die die Mavericks mit ihrer unkalkulierbaren Arbeitsweise über die Abteilungen des Unternehmens gebracht haben. Bleiben Sie hier dem Wort „Flash" (also „Blitz") im Begriff „Flashback" treu und halten Sie diese Rückblenden blitzartig kurz.

7.2 Möglichkeiten einen Cliffhanger zu setzen

Wenn Sie im Rahmen eines traditionellen Genres oder nach der Gattenordnung von Blake Snyder erzählen möchten, können Sie bei diesen Flashbacks kreative Elemente verwenden. Die Serie *Band of Brothers* von Stephen Spielberg und Tom Hanks zeigt uns eines dieser kreativen Beispiele. Die Serie dreht sich um reale amerikanische Veteranen des Zweiten Weltkriegs, deren Geschichte in einer Story über zehn Episoden hinweg dargestellt wird. In einer Szene sehen wir einen der Hauptcharaktere nach seiner Rückkehr in die Vereinigten Staaten U-Bahn fahren. Das Geräusch der fahrenden Bahn klingt in den Ohren des Veteranen wie Gewehrfeuer, als die Innenbeleuchtung des Wagons für kurze Momente versagt, sieht der Soldat nicht länger Fahrgäste, deren Köpfe über die Sitze hinausragen, sondern die wilden Gesichter von Kämpfern in Schützengräben. Abschließend erinnert den Kriegsrückkehrer das Gesicht eines jungen Mannes an den Soldaten, der ihm in einem freien Feld feindlich gegenüberstand.

Das zweite Situationsmuster ist das Gegenstück zu einem Flashback, nämlich das sogenannte „Foreshadowing" (die Vorahnung). Der zuvor bereits erwähnte Batman-Film *The Dark Knight* zeigt uns ein hervorragendes Beispiel dieser Storytelling-Technik. Am Ende des Films übernimmt Batman die Schuld für den gewaltvollen Rachefeldzug des Anwalts Harvey Dent, der in den Augen der Bürger von Gotham City die eine Person darstellt, die die Metropole vor der ausufernden Korruption und Ungerechtigkeit retten konnte. Das Andenken des zu diesem Zeitpunkt bereits toten Dent soll nicht durch seine Taten nicht beschmutzt werden und die Menschen der Stadt sollen auf diese Weise ihre Hoffnung behalten, dass Rettung für diese Stadt möglich ist. Batman ist also bereit, in der Wahrnehmung von Gotham City vom Helden zum Satan zu werden. Diese Entwicklung der Geschichte ahnen wir als Zuschauer bereits am Anfang des Films in einem Gespräch zwischen Bruce Wayne und Harvey Dent, in dem Dent den vorausahnenden Satz fallen lässt: „Entweder stirbst du als Held oder du lebst lange genug, um der Böse zu werden." In Ihre beruflichen Geschichten können Sie eine solche Aussage ebenso einbauen, um direkt nach ihr einen Cliffhanger folgen zu lassen. Ihr Publikum bleibt dann mit dieser Aussage zurück und fragt sich gespannt, wie sich diese Vorahnung in Ihrer Story genau entwickeln wird.

Was Sie jetzt tun können
Nehmen Sie die Geschichten für Ihr Unternehmen zur Hand und markieren Sie jeden Cliffhanger, den Sie setzen können.
  Bauen Sie in Ihre Geschichte jeweils einen Flashback und ein Foreshadowing ein.

Literatur

French, S.D., Bennett, P.G.: Experiencing Stanislavski today. Routledge, New York (2016)
Goldman, L.: The no rules handbook for writers. Oberon Books, London (2012)
Snyder, B.: Save the cat! the last book on screenwriting that you'll ever need. Michael Wiese Productions, Chelsea (2005)

Storyteller ohne Geschichten 8

Zusammenfassung
Jedem Storyteller fehlt manchmal Kreativität. In diesem Kapitel lernen Sie Übungen kennen, mit denen Sie erneut kreative Funken sprühen lassen können.

Inspirationen für Ihre Geschichten

In diesem Buch sind wir bislang davon ausgegangen, dass Sie bereits genügend Inhalt besitzen, um eine Geschichte erzählen zu können. Selbstverständlich können Sie nicht in jeder Situation, in der Sie Ihr Publikum mit Erzählungen für Ihre Produkte, Dienstleistungen und Botschaften begeistern wollen, davon ausgehen, dass diese Idealsituation für Sie besteht. Einerseits können Ihnen relevante Informationen fehlen, um Ihr Publikum über eine Geschichte zu einer Dilemma-Frage zu führen. Am Beispiel der Miller Brewing Company haben wir gesehen, dass den Entscheidungsträgern zunächst die Information darüber gefehlt hat, ob sich das Personal in den Brauereien des Unternehmens auch tatsächlich mit dem archetypischen Athleten identifizieren kann, auf dem die Firma ihre Unternehmenskultur aufbaut.

In diesem Fall sollten Sie denselben Weg wie die amerikanische Brauerei gehen und über Interviews sich zunächst die Informationen besorgen, die Sie brauchen, um eine Geschichte erzählen zu können, mit der sich Ihr Personal – oder in anderen Fällen: ein externes Publikum – identifizieren kann. Bei Interviews mit Mitarbeitern sollten Sie überlegen, diese in anonymer Form durchführen zu lassen, damit Ihre Mitarbeiter nicht aus Angst vor negativen Konsequenzen genau die Antworten geben, von denen sie glauben, dass Sie sie hören wollen. Bei Umfragen unter B2C-Kunden macht es Sinn, dass diese nicht der Allgemeinheit zugänglich sind – denken Sie an Online-Umfragen, die einfach per

Link abrufbar sind. Stattdessen sollten ausschließlich Kunden (bestenfalls bereits langjährige Kunden) an der Umfrage teilnehmen können, um ein authentisches Bild der Eindrücke zu gewinnen, die Ihre Kunden von Ihrem Produkt oder Ihrer Dienstleistung besitzen.

Unabhängig davon, für welche Methode Sie sich entscheiden, um wichtige Informationen zu erhalten, kann es vorkommen, dass Ihnen dennoch keine Ideen für Geschichten kommen. Blicken wir dazu nochmals auf die Miller Brewing Company: Auch wenn das Unternehmen in Erfahrung gebracht hat, dass seine Mitarbeiter sich eindeutig mit dem archetypischen Athleten identifizieren können, bedeutet noch lange nicht, dass der Firma sogleich die Idee gekommen ist, lebensgroße Banner der aktuellen Mitarbeiter in den Brauereien aufzuhängen. Und in diesem Beispiel setzte Miller nicht einmal auf eine fortlaufende Geschichte nach der 3-Akt-Struktur – was das Finden einer Geschichte nochmals erschwert hätte. In der folgenden Auflistung zeige ich Ihnen daher Werkzeuge und Übungen aus dem professionellen Improvisationstheater, die Ihnen dabei helfen sollen, Inspirationen für eine überzeugende Geschichte zu finden – unabhängig davon, ob Sie bereits alle relevanten Informationen über Ihre Mitarbeiter, Kunden oder Stakeholder besitzen oder nicht.

Inspiration Nr. 1: Archetypen-Karten
Wie Sie bereits in diesem Buch gelesen haben, empfehle ich die Archetypen-Karten von Margaret Hartwell und Joshua C. Chen. Auf den Karten finden Sie u. a. die relevanten Archetypen aus diesem Buch; die beiden Designer haben insgesamt sogar 60 Archetypen zusammengestellt. Diese Karten – oder selbstverständlich eine andere Zusammenstellung an Archetypen-Karten – können Sie für Interviews verwenden, wenn Sie sich für diese Methode der Informationszusammenführung entscheiden. Wenn wir der Theorie des „kollektiven Unbewussten" von Jung Glauben schenken, sind Ihre Mitarbeiter, auch wenn Sie vom Thema „Archetypen" noch nichts gehört haben, unbewusst dazu in der Lage, die archetypischen Rollen- und Verhaltensmuster auf den Karten zu erkennen und zu verarbeiten. In den Interviews können Sie Ihre Mitarbeiter demnach z. B. bitten, die Karte oder Karten auszuwählen, mit der sie sich am ehesten identifizieren können. Fragen Sie Ihre Mitarbeiter danach nach dem Grund für ihre Auswahl und ermutigen Sie sie zugleich, eine Geschichte zu erzählen, in der das gewählte archetypische Muster nach Meinung Ihrer Mitarbeiter am besten zum Tragen kommt.

Jede Geschichte ist dabei wertvoll – Sie müssen Ihre Mitarbeiter demnach nicht erst in die 3-Akt-Struktur bzw. in das Storytelling-Dreieck einweisen. Bitten Sie Ihre Mitarbeiter zugleich, archetypische Muster bei anderen Abteilungen,

Teams oder Vorgesetzten zu identifizieren und auch für diese Archetypen repräsentative Geschichten zu finden. Insbesondere bei diesen zweiten Geschichten macht erneut eine anonyme Befragung mithilfe der Archetypen-Karten Sinn. Nachdem Sie die Ergebnisse gesammelt haben, nutzen Sie den hier beschriebenen Ablauf auch in einer Befragung von Abteilungsleitern, Managern oder der Geschäftsführung. Vergleichen Sie im Anschluss die Ergebnisse und schauen Sie, wo Sie Übereinstimmungen in den Antworten finden und wo Differenzen. Wenn Sie deutliche Differenzen feststellen, nutzen Sie die unterschiedlichen Antworten und versuchen Sie, mit diesen Daten in einer erneuten Interview-Runde die Unregelmäßigkeiten zu klären.

Inspiration Nr. 2: StoryWorld-Karten
Alternativ oder zusätzlich können Sie auch auf die StoryWorld-Karten von John und Caitlin Matthews zurückgreifen. Die Karten dienen vornehmlich dem Zweck, eigene Geschichten zu erzählen. Dieses Werkzeug wird u. a. vom britischen Autor Philip Pullman empfohlen, der für seinen Roman *Der Goldene Kompass* berühmt ist, der im Jahr 2007 u. a. mit Nicole Kidman verfilmt wurde. Die StoryWorld-Karten lassen sich thematisch in die drei Teile Charaktere, Gegenstände und Orte gliedern. Je nachdem, für welche StoryWorld-Packung Sie sich entscheiden, sind die drei Themen in ein anderes traditionelles Genre gekleidet. Sie besitzen beim Kauf von StoryWorld-Karten z. B. die Wahl zwischen Seefahrer-Mythen, Märchen, Abenteuer-Geschichten und Horror-Stories. Wählen Sie zunächst die Packung, die Ihnen für Ihre beruflichen Geschichten am ehesten behilflich ist und teilen Sie das Karten-Pack anschließend in die drei genannten Themen ein. Wählen Sie von jedem so entstandenen Stapel eine Karte aus und erzählen Sie eine Geschichte mit dem gewählten Gegenstand, Ort und der Person und versuchen Sie, diese Elemente der Geschichte mit der aktuellen beruflichen Situation zu verbinden, für die Sie eine Story erzählen möchten.

Orientieren Sie sich dabei an einer der Grundregeln aus dem Improvisationstheater, auch wenn Ihnen dies zu Beginn wahrscheinlich sehr schwer fallen wird: Überlegen Sie nicht, bis Sie Ihrer Meinung nach eine „gute" Geschichte in Ihrem Kopf zusammengebracht haben, sondern erzählen Sie spontan, was Ihnen zu diesen Karten einfällt – und wie Sie glauben, dass diese Karten mit Ihrer aktuellen beruflichen Geschichte in Zusammenhang gebracht werden könnten. Insbesondere, wenn Sie diese Übung in ein Team einbringen, dürfte Ihr Verlangen groß sein, eine möglichst tolle Geschichte zu erzählen. Denken Sie insbesondere in dieser Situation mutig zu sein: Erlauben Sie sich, spontan und kreativ zu sein, und nehmen Sie dabei das Risiko in Kauf zu „scheitern". Eine vielleicht kitschig anmutende Redewendung im professionellen Improvisationstheater lautet: „Scheiter heiter!"

Ich ermutige Sie, sich auf diese Weisheit einzulassen, um zu merken: je mehr und schneller Sie sich trauen Fehler zu machen, desto eher werden Sie von Ihrem Denken her flexibel genug sein, um auf die kreativsten, authentischsten und spannendsten Ideen für Ihre Geschichten zu kommen. Dieser Rat von mir gilt insbesondere, wenn Sie Genre-Geschichten erzählen wollen, die außerhalb der Realität liegen.

Wenn Sie in einem Team mit den StoryWorld-Karten arbeiten, lassen Sie jedes Teammitglied insgesamt 3 Karten von den jeweiligen Stapeln ziehen und eine Geschichte zu Ihrem aktuellen Thema erzählen. Notieren Sie sich jede Geschichte und suchen Sie nach Gemeinsamkeiten und Abweichungen. Wenn Sie weitere Inspirationen für Ihre Geschichte brauchen, nehmen Sie die Ergebnisse aus den ersten Geschichten-Runde und erzählen Sie mit diesem Wissen im Kopf – und neuen Karten – weitere Geschichten. Behalten Sie immer im Hinterkopf, dass Sie die Abbildungen auf den Karten nicht wortwörtlich so verstehen müssen, wie sie dargestellt sind. Erlauben Sie sich, die Darstellungen auf den Karten auch symbolisch zu sehen: ein verwunschener Apfel kann so gesehen tatsächlich verhext sein oder mit Chemikalien belastet; ein Zombie kann ein Untoter sein oder ein Mensch, der kopflos seine Arbeit verrichtet, ohne sich die Konsequenzen seines Tuns vor Augen zu halten. Schauen Sie, welche kreativen Möglichkeiten sich aus dieser Sichtweise für Ihre Geschichten ergeben.

Inspiration Nr. 3: Story Cubes
Story Cubes können Sie in ähnlicher Weise benutzen wie die oben beschriebenen StoryWorld-Karten. Bei Story Cubes handelt es sich um Würfel, die anstelle von Zahlen auf jeder Seite bebildert sind. Wie bei den StoryWorld-Karten finden Sie auch bei den Story Cubes unterschiedliche Themen wie Reisen, Superkräfte und magische Personen bzw. Gegenstände; in einer Packung befinden sich drei bzw. neun Würfel. Sie können die Story Cubes auch z. B. mit den StoryWorld-Karten kombinieren: wenn Sie bei Ihren Geschichten mit den drei Karten nicht vorankommen, würfeln Sie mit drei Story Cubes und lassen Sie sich von dem Ergebnis zum nächsten Schritt der Geschichte inspirieren. Alternativ können Sie ausschließlich die Story Cubes verwenden und sie genauso benutzen wie die StoryWorld-Karten.

Inspiration Nr. 4: Freies Assoziieren
Das Werkzeug des Freien Assoziierens wurde von Sigmund Freud für seine Psychoanalyse entwickelt, damit seine Patienten unbewusste oder zurückgehaltene Meinungen und Einstellungen verbalisieren. Im professionellen Improvisationstheater benutzen wir das Freie Assoziieren als Team-Aufwärmspiel in unseren

Proben oder vor Auftritten. Beginnen Sie mit einem Begriff, der mit Ihrer beruflichen Geschichte in Verbindung steht. Jedes Teammitglied wirft dann spontan den Begriff in den Raum, der ihm zum jeweils vorangegangenen Begriff einfällt. Das Freie Assoziieren verläuft im Uhrzeigersinn und endet, wenn das Team genügend Informationen aus der Übung gezogen hat. Von absoluter Wichtigkeit ist hier: zensieren Sie sich nicht und werfen Sie das erste Wort in den Raum, das Ihnen einfällt! Passt das Wort nicht in den Zusammenhang? Unwichtig! Existiert das Wort nicht im Duden? Auch das macht keinen Unterschied! Ist der Begriff schon einmal gefallen? Auch dann gehört er in den Assoziationskreis! Versuchen Sie sich so viele Begriffe zu merken, wie Sie können – oder filmen Sie sich bei der Übung mit Ihrem Smartphone –, und schauen Sie im Anschluss, welche neuen Erkenntnisse für Ihre Geschichte Sie und das Team aus der Übung gewinnen konnten.

Inspiration Nr. 5: A ist wie Z!
Suchen Sie nach Begriffen, die in Ihrer Geschichte unbedingt vorkommen sollen und notieren Sie sich diese. Für jeden aufgeschriebenen Begriff verwenden Sie im Anschluss die folgende Satzformel: „A ist wie Z, weil…!" Zwei Beispiele: „Gleichstellung ist wie ein Regenbogen, denn er vereint verschiedene Farben miteinander." Oder: „Marktanteile sind wie Kuchenstücke, weil sie manchmal schnell aufgegessen sind." Die Idee hinter der Übung ist, zu jedem Begriff möglichst viele Metaphern zu finden, die Sie entweder direkt in Ihre Geschichten einbauen können oder Sie können diese Symbolik für einen Perspektivwechsel nutzen, um daraus neue Inspirationen für Ihre Stories zu schöpfen.

Inspiration Nr. 6: Ein-Wort-Geschichte
Die Ein-Wort-Geschichte ist ein weiteres Teamspiel. Eine Person beginnt zunächst mit einem Wort und reihum fügt jedes Teammitglied ein weiteres Wort hinzu. Der „Punkt" gilt dabei nicht als Wort. wenn Sie einen Punkt setzen wollen, sagen Sie demnach „Punkt" und daraufhin Ihr eigentliches Wort. Ein Beispiel: „Heute – geht – unser – Abteilungsleiter – in – den – Sitzungssaal. Er – erschrickt, – als – er – dort – schon– seinen – schlechtesten – Mitarbeiter – sitzen – sieht. Der – Mitarbeiter – schläft – schnarchend. …" Erlauben Sie sich auch bei diesem Spiel zu scheitern und notieren Sie sich relevante Ergebnisse Ihrer Geschichten bzw. filmen Sie sich beim Erzählen Ihrer Stories.

Inspiration Nr. 7: Ja, genau!
Wir Menschen neigen dazu, sehr negativ zu sein. In solchen Momenten sind nur unsere Anmerkungen, Ideen und Sichtweisen richtig und wir würgen alternative

Meinungen direkt ab. Erst als ich mit dem Schauspiel angefangen habe, ist mir bewusst geworden, wie stark diese Haltung verbreitet zu sein scheint. Für die Geschichte auf einer Improvisationstheater-Bühne ist diese Haltung tödlich, denn in diesem Fall würgt jeder Darsteller die Ideen der jeweils anderen ab und setzt seine eigenen Vorstellungen in der Geschichte um. Das Publikum ist verwirrt und die Aufführung geht in der Regel den Bach hinunter – ausgenommen, die Darsteller besinnen sich in der Pause wieder auf die Grundsätze einer guten Geschichte. Vielleicht ist Ihnen bei der Ein-Wort-Geschichte Ähnliches passiert, denn jedes Teammitglied wollte mit „seinem" Wort der Geschichte einen eigenen Stempel aufdrücken. In diesem Fall empfehle ich Ihnen das Spiel „Ja, genau!" auszuprobieren.

Mit diesem Werkzeug erzählen Sie erneut im Team eine Geschichte und jedes Mitglied darf einen ganzen Satz sagen. Die Voraussetzung ist: Jeder Satz, der auf den ersten folgt, beginnt mit den beiden Worten: „Ja, genau!" Das Team akzeptiert also zuerst jeden unmittelbar vorangegangenen Satz, bevor es seinen eigenen Satz hinzufügt, um die Geschichte weiter voranzutragen. Ein Beispiel: „Der Geschäftsführer ist ein waschechter Spieler! – Ja, genau! Letzte Woche z. B. hat er verkündet, in die Personenbeförderung im Luftverkehr einzusteigen, obwohl das Kerngeschäft seines Unternehmens im Hygienebereich liegt. – Ja, genau! Sein Top-Management trägt aus Angst vor dem Aktienkurs schon Windeln! ..." Die Übung hilft Ihnen dabei, entweder Geschichten zu finden oder in einer Geschichte, für die Sie bereits viel Material gesammelt haben, einen roten Faden herauszuarbeiten und ihn zu halten. Wie bei den anderen Spielen gilt auch hier: merken Sie sich so viele Elemente, wie Sie können, oder filmen Sie die Übung.

Inspiration Nr. 8: Das Interview
Wenn Sie im B2B-Bereich einen Ihrer Kunden zum Protagonisten einer Geschichte machen möchten, haben Sie es mitunter schwer, eine plastische und demnach realistische Archetypen-Persönlichkeit für ihn zu finden – insbesondere, wenn Ihnen als einzelne Person nicht alle Informationen zu jener Person vorliegen. Die Übung „Das Interview" ist dafür gedacht, aus Ihrem Protagonisten einen „realistischen Menschen" zu machen. Das Spiel ist für Teams konzipiert und im B2B-Bereich bietet es sich an, mit Teilnehmern zu spielen, die den Kunden ebenfalls kennen, also z. B. mit Ihrem Vertriebschef, mit dem Geschäftsführer oder dem Direktvertriebler.

Stellen Sie dazu einen Stuhl in die Mitte des Raumes und positionieren Sie eine Stuhlreihe für die übrigen Teammitglieder gegenüber. Eine Person aus Ihrem Team übernimmt als erster die Rolle des Kunden und setzt sich auf den einzelnen Stuhl.

In der Rolle des Kunden stellt sich das Teammitglied vor und gibt ein paar bekannte Informationen zu sich preis. Die übrigen Teammitglieder stellen dem „Kunden" nun Fragen, die seine Persönlichkeit, seine Einstellungen und Meinungen betreffen. Wenn der Spieler als Kunde in der Lage ist, die Fragen zu beantworten, bleibt er auf dem Stuhl sitzen und gibt in seiner Rolle die entsprechende Antwort. Kann er das nicht, übernimmt dasjenige Teammitglied die Rolle auf dem „Kunden-Stuhl", das eine verlässliche Antwort auf die Frage hat, und führt die Rolle des Kunden fort. Die Rolle des Kunden wechselt also bei jeder Frage, die der aktuelle Spieler in dieser Rolle nicht beantworten kann. Weiß niemand auf die Frage eine Antwort, wird dem „Kunden" eine neue Frage gestellt. Aus dem Frage-und-Antwort-Spiel entsteht ein plastisches – und daher realistisches – Persönlichkeitsbild des Kunden, dass Sie als Grundlage für Ihre Geschichte verwenden können. Besprechen Sie nach dem „Interview" die Fragen, die niemand beantworten konnte, und entscheiden Sie, ob die Frage relevant genug ist, um eine Antwort zu recherchieren.

Inspiration Nr. 9: Switch & Change
Switch & Change ist eine Erweiterung von Inspiration Nr. 8; das Spiel ist dazu gedacht, für Ihre Geschichte die geschäftliche Beziehung zwischen zwei konkreten Personen realistisch darzustellen. Ebenso wie in Inspiration Nr. 8 sollten Sie diese Übung mit Teammitgliedern spielen, die über die beiden konkreten Personen Detailwissen besitzen. Zwei Spieler beginnen das Spiel und stellen dialogisch eine typische Situation zwischen den beiden Personen dar, die in der Geschichte vorkommen sollen. Nehmen wir an, es handelt sich dabei um den Business Development Manager und den Produktmanager. Ein weiterer Spieler steht am Rand der „Bühne". Ruft der Seitenspieler „Switch", wechseln die beiden Spieler auf der Bühne ihre Rollen; der Business Development Manager spielt nun also den Produktmanager und umgekehrt. Die Szene geht nach dem Wechsel an der Stelle weiter, wo sie vor dem „Switch"-Ruf stehen geblieben ist. Ruft der Seitenspieler „Change", verlassen die beiden Spieler schnell die Bühne und zwei andere Spieler nehmen ihre Stelle ein. Die Szene geht auch nach diesem Personenwechsel einfach weiter. Der Seitenspieler kann so häufig „Switch" oder „Change" rufen, wie er möchte.

Schnell aufeinanderfolgende Wechsel erhöhen in der Regel den Spaß an der Szene und die Spieler werden „gezwungen", kreative Ideen in die Szene einzubauen. Der Seitenspieler sollte das Rufwort „Change" auch dann benutzen, wenn die Spieler an einer Stelle der Szene „hängen" und/oder andere Teammitglieder durch ihre Erfahrungen mit den dargestellten Personen die Szene authentisch weiterführen können. Switch & Change ist eine effektive Übung, um mehrere

Charaktere durch das Wissen mehrerer Personen authentisch zum Leben zu erwecken. Nehmen Sie die Szene per Video auf, schauen Sie sich die Story im Anschluss gemeinsam an und besprechen Sie Ihre Darstellung in der gesamten Runde.

Kapitelende – was Sie jetzt tun können!
- Probieren Sie sich an diesen Übungen und haben Sie ganz viel kreative Freude an ihnen.

Nachwort: An der Schwelle zum Paradies

Sie stehen am Ende dieses Buches an der Schwelle zu Akt 3 Ihrer Geschichte; Sie haben mit dem Lesen dieses Buches den ersten Akt Ihrer Story begonnen, sind mit den ersten Erklärungen auf diesen Seiten in Ihren Akt 2 eingestiegen und besitzen nun hoffentlich die Kraft, um in Akt 3 vorzudringen und selbst Geschichten in Ihrem Unternehmen erzählen zu können. Ich möchte Ihnen zum Abschluss vier letzte kurze Tipps mitgeben.

Lesen Sie die Passagen in diesem Buch, die Ihnen wichtig erscheinen, mehrfach durch. Sie bekommen dadurch ein immer stärkeres Gefühl dafür, wie Sie Geschichten ordnen, erzählen und fortsetzen können.

Achten Sie darüber hinaus in den Gesprächen, die Sie mit anderen Menschen führen, darauf, mit welchen Storytelling-Elementen diese Personen Ihre Worte ausschmücken. Sie bekommen auf diese Weise ein bewusstes Gespür für Geschichten und bauen sich so ein starkes Storytelling-Vokabular auf.

Schauen Sie Filme, besuchen Sie Theaterstücke und lesen Sie Kurzgeschichten. Tauchen Sie ein in die Welt von Geschichten, damit Sie Inspirationen für Ihre eigenen Stories bekommen.

Und abschließend: Notieren Sie sich Ihre Inspirationen in einem Storytelling-Buch. Wenn Sie die Methode Storytelling wirklich professionell in Ihrem Unternehmen zur Anwendung bringen möchten, sollten Sie sicherstellen, dass am Ende dieses Buches ein neuer Text mit Ihren Ideen beginnt.

So wünsche ich Ihnen viel Glück auf dem Weg, die kommunikative Geschichte Ihres Unternehmens entscheidend zu prägen und zu gestalten. Die letzten Meter zu diesem Ziel gehören ganz Ihnen!

The manufacturer's authorised representative in the EU is Springer
Nature Customer Service Centre GmbH, Europaplatz 3, 69115 Heidelberg,
Germany. If you have any concerns regarding our products, please
contact ProductSafety@springernature.com

Printed and bound by CPI Group (UK) Ltd, Croydon, CR0 4YY
25/03/2026
02078212-0005